アメリカ流 マインドを変える 仏教入門

ケネス・タナカ 著　伊藤 真 訳
Kenneth Tanaka

春秋社

アメリカ流　マインドを変える仏教入門　目次

目次

アメリカ流　マインドを変える仏教入門

はじめに

「この世に生まれてきた理由も、みずからの一生を何に捧げるべきかもわからずに生きるとすれば、それほど空しいことはない。」（*Mutually Sustaining Life* 156ページ）

こんにちは。ケン・タナカです。仏教への「案内役」を務めることができて光栄です。

本書には二つのねらいがあります。第一に、仏教の基礎的な知識を学んでもらうこと。特に仏陀が説いた、仏教の初期の教えと実践についてです。第二に、この二一世紀に生きるみなさんや私が抱いているスピリチュアルな問題や、宗教上の問題に向き合うことです。

仏教に関する知識とスピリチュアルな側面をみなさんと一緒に考えることによって、人生をより豊かにし、さらに世界の平和と幸福に貢献できることを心から願っています。

本書のスタイル

本書の内容は、仏教を初めて学ぶ、またはほとんど学んだことのない人を対象とした、入門的なものとなっています。そのためできるだけシンプルでわかりやすくお話しするよう、心がけるつもりです。仏陀がしばしば言われたように、Ehi passiko（エーヒ・パッシコー／来たりて見よ）――さあ、実際に自分の目で見に来てください――と、みなさんにも呼びかけたいと思います。冒頭に出てきた文章にもあったように、人生の重要な問題について、本書をとおして探究していただきたいと思います。

この世に生まれてきた理由も、みずからの一生を何に捧げるべきかもわからずに生きるとすれば、それほど空しいことはない。

第1章　今日の仏教の概要――アメリカにおける仏教の発展を中心に

第1回　アメリカ仏教の状況

最初に、アメリカにおける仏教の発展という、とても興味深い社会現象について考えてみましょう。

アメリカにおける仏教の発展

アメリカのさまざまな宗教に関して幅広く研究しているハーバード大学のダイアナ・エク教授は、「仏教は今やアメリカの宗教になった」と述べています。

そこで一つみなさんに問題を出してみたいと思います。なかなかの難問ですよ。世界で最も多くの仏教宗派が存在する都市はどこでしょう？　バンコクや台北、京都でしょうか？　答えはなんとロサンゼルス――少なくとも八〇以上の仏教各派が活動しています。つまり、アジアの主要な仏教宗派が、ほぼすべてロサンゼルスに集まっているというわけです。実に驚くべきことです。

アジア諸国では一般に、ほかの国の仏教宗派とはお互いにほとんど交流がありません。まして同じコミュニティに共存することは稀です。しかしロサンゼルスでは、タイのお寺と韓国のお寺が同じ通りに建っていることもあります。ホノルル、サンフランシスコの湾岸地区、シアトル・タコマ都市圏、シカゴ、ニューヨークなど、アメリカのほかの主要な大都市圏でも同じです。

では、アメリカの仏教徒の数はどれぐらいでしょうか？　最近の調査によれば、約三〇〇万人という結果が出ています。いわゆる「ナイトスタンド仏教徒」（寝室仏教徒、Nightstand Buddhists）を加えれば、その数はぐっと増えるでしょう。

「ナイトスタンド仏教徒」とは、特定の寺院や仏教センターなどに所属せず、毎晩自宅で個人的に瞑想をしたり仏教の本を読んだりして仏教を実践している人たちのことです。このため俗に「ナイトスタンド仏教徒」と呼ばれています。しかし彼らを除いた三〇〇万人でもアメリカの全人口の約一パーセントですから、かなりの数だと言えます。

さて、アメリカで寺院や仏教センターなどの活動に参加している仏教徒たちは、四つのグループに分類することができるでしょう。

一、新アジア系アメリカ人仏教徒（大部分はベトナム、タイ、韓国、カンボジア、ラオス、そしてスリランカなどから、一九六〇年代以降にアメリカへ移住してきた人たち）。

二、従来型のアジア系アメリカ人仏教徒（第二次世界大戦以前からアメリカに暮らしてきた中国系、日系の人たち）。
三、仏教への改宗者で、主に瞑想（メディテーション）を実践している人たち（禅、ヴィパッサナー、チベット仏教などの宗派に属し、大部分が欧米系アメリカ人）。
四、仏教への改宗者で、主に唱題（チャンティング）を実践している人たち（創価学会インタナショナルUSA。アフリカ系、ラテンアメリカ系アメリカ人がかなりの割合を占める）。

これらの四つの中で、特にメディアや研究者の注目を集めるのが、改宗者の仏教徒たちです――特に有名人はなおさらです。ある人がこんなことを言ったことがあります――「リチャード・ギアもティナ・ターナーも見た目にはどこが仏教徒なんだかわからないね！」。イメージ的にはそうかもしれませんが、お二人とも仏教徒です、それもとても熱心な。

仏教に改宗した人たちはほかにも大勢います。以前タイム誌が「仏教に魅せられるアメリカ」と題し、映画『セブン・イヤーズ・イン・チベット』に出演した俳優ブラッド・ピットを表紙に載せて、多くのアメリカ人がなぜ、どのようにして仏教に惹かれるのか、一〇頁にわたって特集を組んだこともありました。

アメリカには中華料理店のない町はないとまで言われます。ひょっとして仏教や瞑想センターについても、同じことが言えるようになりつつあるのかもしれません。

二つの宗派のユーモラスな出会い

最後に、アメリカの仏教についてクスっと笑えるエピソードをご紹介しましょう。異なる宗派の仏教徒同士が初めて出会った時のお話です。今は意味がよくわからずに笑えない人もいるかもしれませんが（私としてはクスっと笑ってほしいのですが）、本書で学んでいくうちに、どこがおもしろいのか、わかってくるでしょう。

ある時、何百人もの聴衆が見守る中、韓国人の高僧とチベットの高僧《ラマ》がハーバード大学で教学論争をすることになりました。弟子たちを引き連れ、立派な僧衣をなびかせて登壇した二人の高僧の姿は壮観でした。韓国人の高僧はおもむろに腕を突き出しました。手にはオレンジが握られています。そこですかさず「これは何ぞ？」と問いかけます。禅問答では、とても深い宗教的な境地に達していなければ、こうした問いには答えることができません。

ところが、禅宗になじみがなかったチベット人のラマは当惑し、通訳を振り返りました。通訳とひそひそとやりとりすること数分。静まり返った聴衆が期待に胸をふくらませて待ち受ける中、ついにチベット人の通訳が聴衆に向かって言いました――「師はこうおっしゃっています。『彼はどうかしているのか？　彼の出身地（韓国）にオレンジはないのかね？』」。議論にならなかったのは言うまでもありません。

第2回　アメリカ仏教の展開――浄土真宗の場合

「私は今この瞬間、ここに生きている――私一人ではなく、ほかの多くの『いのち』と共に。私という存在を生み、維持してくれるこの『いのち』全体が幸せであれば、私もまた、幸せになれるだろう。」

（*The Teaching of Buddha* 8ページ）

浄土真宗

次に浄土真宗の教えに注目してみましょう。これは日本で生まれた大乗仏教に属する宗派です。浄土真宗（Shin, Pure Land）は実は私が僧籍を得た宗派でもあります。アメリカの浄土真宗の僧侶は普段の法要などで、ズボンとシャツにネクタイを着けたかっこうをしています。伝統的なものと現代的なもの、東と西の文化が組み合わさっています。日本の浄土真宗のお坊さんたちがふつう着ているものとは違いますよね。これも、アメリカでの環境になじむように、仏教がアジアにおける習慣とは異なる形へと常に変化してきたことを示す一例です。

今回はまさにこうしたこと――つまりアメリカ独特の形――をテーマにお話を進めたいと思います。

このテーマをよく理解していただくために、まずは仏陀の時代から今日までの仏教の展開を概説しておきましょう。

仏教のアジアにおける展開

仏教は約二五〇〇年前に生きた仏陀から始まります。仏陀については次回で詳しくお話しします。仏陀の時代から二六〇年ほどのち、西暦紀元前三世紀頃、仏教はアショーカ王の庇護の下でインド全土へ、そしてさらに国境を越えて国外へと広まっていきました。

アショーカ王の息子マヒンダは、仏教を布教するために今日のスリランカへ渡ったと言われています。これがテーラワーダまたは上座部《じょうざぶ》と呼ばれる南方仏教の始まりで、今日では主にスリランカ、ミャンマー、タイ、カンボジア、ラオスで見られます。この部派のお坊さんたちのオレンジ色やサフラン色の僧衣はおなじみですね。

一方、インドの北へと伝わった北方仏教はマハーヤーナ（Mahāyāna）、つまり「大きな乗り物」を意味する大乗仏教と呼ばれています。主として、いわゆる「シルクロード」を経て、古代の中央アジアの諸王国を通じて広まっていきました。そして紀元一世紀には、仏教は徐々に中国へも伝わり始めていました。四世紀末には北魏《ほくぎ》の国教になりました。それから今日まで、仏教は儒教と道教と並び、中国の人々の信仰生活における重要な柱の一つであり続けてきました。

続いて、中国の人々は二世紀にはベトナムへ、四世紀には朝鮮半島へと仏教を伝えていきました。そして六世紀、仏教は朝鮮半島を経て日本へと伝わったのです。

チベットへは、少しのちの七世紀頃、直接インドから仏教が伝来しました。

アメリカの仏教――アメリカにおける仏教の発展の四つの段階

さて、続いてアメリカにおける仏教の発展について簡単に述べましょう。それは四つの段階に分けることができます。

第一は知識人たちの段階で、一八四四年にエリザベス・ピーボディが最も重要な経典の一つである『法華経』の一章をフランス語から英訳した時に始まります。さらにヘンリー・オルコットやポール・ケーラスらが続きました。オルコットは仏教徒となり、ケーラスは仏教の布教に大きく貢献しました。

第二の段階は第一段階と大きく重なりますが、一九〇〇年代後半に中国と日本からの移民たちが仏教をもたらした段階です。移民たちは主として西海岸に多くの仏教寺院を建立しましたが、それらは移民のコミュニティの中で中核的な役割を果たしました。

第三段階は一九五〇年代の「ビート仏教」に始まりますが、改宗者たちの仏教が発展していった段階です。アレン・ギンズバーグやゲリー・スナイダーなど「ビート・ジェネレーション」の詩人たちが代表的な人物です。彼らは、一九六〇〜一九七〇年代の、より本格的な仏教教団確立への道を切り開きました。

たとえばタルタン・トゥルクやチョギャム・トゥルンパ・リンポチェなどが設立したチベット仏教の組織や、鈴木俊隆《しゅんりゅう》老師の創設によるサンフランシスコ禅センター、アメリカ人のジャック・コーンフィールド、ジョセフ・ゴールドスタイン、シャロン・サルツバーグ、ジャクリーン・シュワルツらが設立したインサイト・メディテーション・ソサエティ（IMS）などです。この段階には創価学会のアメリカにおける興隆も含めるべきでしょう。創価学会は極めて多様な民族・人種の会員を擁する組織を作り上げることに成功しました。

第四段階は第三段階からそれほど遅れずに始まりました。一九六〇年代後半、台湾、ベトナム、その他の東南アジア諸国からアメリカへやって来た仏教徒たちの活動を指します。

アメリカが生んだ「ゴールデン・チェイン」（黄金の鎖）

アジアから太平洋を越えてアメリカへと伝わった仏教は、いくつかの大きな変化や革新を迫られることになりました。その好例が浄土真宗にあります。具体的に言えば、浄土真宗本願寺派の米国仏教教団や、東本願寺など、アメリカ本土とハワイにおける全米組織の活動。さらにはハワイ州の東西本願寺ハワイ教団の活動などです。いずれも今日まで存続してきたアメリカの仏教組織としては非常に長い歴史を誇ります。

こうした教団組織に属する浄土真宗寺院では、真宗の教えをアメリカ独特の形で表現した「ゴールデン・チェイン」（黄金の鎖）が唱えられています。とてもおもしろいことに、日本ではまったく知られていません。

法要の際、参列者全員でこの「ゴールデン・チェイン」を唱えることも珍しくありません。浄土真宗の信仰を表明するものとしては、おそらくアメリカでは最も親しまれ、よく知られたものとなっています。特に若い人たちの間ではそう言えます。

唱える文章は次のようなものです。

私は、世界中に広がる阿弥陀仏の慈悲を象徴する愛の「ゴールデン・チェイン」の中の、一つのリンク（結び目）です。私は、そのチェインの一つのリンクとして明るく強く生き続けます。私は、生きとし生けるものに優しく接し、そして私より弱きものを守ります。私は、清く美しく考え、清く美しく話し、清く美しく行動することに努めます。それは、私の今の行いが、自分の幸福や不幸だけではなく、他の幸福や不幸も左右することを知っているからです。阿弥陀仏の慈悲という愛の「ゴールデン・チェイン」のリンクの一つひとつが明るく強くなり、そして私たちすべてが絶対なる安らぎを得られますように。

(I am a link in Amida's Golden Chain of love that stretches around the world. I will keep my link bright and strong. I will be kind and gentle to every living thing and protect all who are weaker than myself. I will think pure and beautiful thoughts, say pure and beautiful words, and do pure and beautiful deeds, knowing that on what I do now depends not only my happiness or unhappiness, but also that of others. May every link in Amida's Golden Chain of love become bright and strong, and may we all attain perfect peace.)

続いて、順に簡単に説明していきましょう。

私は、世界中に広がる阿弥陀仏の慈悲を象徴する愛の「ゴールデン・チェイン」の中の、一つのリンクです。私は、そのチェインの一つのリンクとして明るく強く生き続けます。

これは、「私たち一人ひとりは互いに結びついていて、世界全体、さらにはより大きなものまでを包み込んでいる相互関連性の一部だ」ということを教えています。そしてこのような相互に結びついた関係性の本質は、まさに無限の慈悲だということです。それを「阿弥陀」または

「阿弥陀仏」と呼んでいるわけです。

ここでまず指摘したいのは、「慈悲」という真実が「愛」(love) と表現されていることです。アメリカ人には「愛」の方が、よりなじみのある言葉だからです。さらに、一人ひとりがその一つである「リンク」(結び目) を明るく強く保ち、「黄金の鎖」というお互いの結びつきを守ろうと誓うわけですが、ここには社会的またはスピリチュアルな強い責任感を感じずにはいられません。

私は、生きとし生けるものに優しく接し、そして私より弱きものを守ります。

ここでは人間だけでなく、鳥獣、虫や魚などのあらゆる生きものに敬意をもって接することが誓われています。人間にほかの生物を支配する「権利」があるなどとは決して言わずに、むしろ人間はほかの生きものたちと共存すべきことを説いています。そして共に生きつつ、人間だろうとほかの生物だろうと、助けが必要なものには手を差し伸べることを誓うのです。

私は、清く美しく考え、清く美しく話し、清く美しく行動することに努めます。それは、私の今の行いが、自分の幸福や不幸だけではなく、他の幸福や不幸も左右することを知っているからです。

仏教では、人の価値は生まれや階級ではなく、その行いによって決まります。ですから私たちのスピリチュアルな面での幸福も、世界をどう見て、いかに行動するかにかかっています。宿命や偶然や神々のような存在によって決められるのではありません。何をどう考え、どのように話し、どう行動するかによって、私たちはみずから幸福をつかむことができるのです。そして、その私たちの行動は、さらに世界中の人びとの幸せにも影響するのです。

阿弥陀仏の慈悲という愛の「ゴールデン・チェイン」のリンクの一つひとつが明るく強くなり、そして私たちすべてが絶対なる安らぎを得られますように。

「ゴールデン・チェイン」はあらゆるものの幸福への願いで終わります。あらゆる生きものが仏教の説く究極の目標に到達し、仏陀になる、つまり涅槃《ねはん》や悟りを得られるようにと願うのです。この一文は、「ほかの人たちもスピリチュアルな幸せを得ることができない限り、自分も幸せにはなれない」という認識に基づいています。まさに今回の冒頭の一文が述べていることと同じです。

私は今この瞬間、ここに生きている――私一人でではなく、ほかの多くの「いのち」と共に。私という存在を生み、維持してくれるこの「いのち」全体が幸せであれば、私もまた、幸せになれるだろう。

以上が「ゴールデン・チェイン」に対する私の考えと思いです。この「ゴールデン・チェイン」は私にとって、常にインスピレーションを与えてくれ、導いてくれるものであり続けてきました。すでに述べたとおり、日本にいる浄土真宗の仲間たちは一度も聞いたことがないでしょう。アメリカで作られたものですから当然です。「ゴールデン・チェイン」は開放的な機運と楽観主義が花開いた第二次大戦以前のある時期に、おそらくハワイで書かれたのだろうと思います。

ですからこれもまた、アメリカ独特の仏教のあり方を示す好例と言えるでしょう！

第3回　アメリカ仏教の特徴——エンゲージド・ブッディズムを中心に

「あらゆる存在が互いに関係していることを理解すればこそ、この相互依存関係の認識から感謝の気持ちが湧いてくる。そこから、目に見えない恩義に報いようという、奉仕の精神が生まれてくる。」

(Mutually Sustaining Life 90ページ)

エンゲージド・ブッディズム以外のアメリカ仏教の特徴

仏教がなぜ、どのようにアメリカで発展してきたかを見てきましたが、最後にアメリカ仏教の特徴の中でも特に興味深い側面を探求したいと思います——いわゆる「エンゲージド・ブッディズム」です。

「エンゲージド・ブッディズム」とは、より平等で平和な世界を築くために、仏教の教えを使って社会的な課題や問題に取り組もうとする試みのことです。こうした心の外部の世界と社会的な面に重きを置くことは、心の内部の世界とメンタルな面を重視してきた伝統的な仏教のあり方とは異なっています。

本題に入る前に、アメリカ仏教に見られるそれ以外の特徴について、簡単にお話ししておきましょう。

第一に、指導的役割を果たしている女性が多いことは間違いありません。仏教へ改宗した人たちの組織の中には、指導者の半数が女性だというところもあります。たとえばインサイト・メディテーション・ソサエティ（ＩＭＳ）の設立には女性が寄与しましたし、サンフランシスコ禅センターやほかの施設でも女性が指導的立場に立っています。

第二に、アジアの仏教界では独身を守る出家の僧侶や尼僧が基本ですが、アメリカの大部分の仏教徒は宗教的な独身主義を否定し、聖職者が結婚したり伴侶を持ったりすることを望ましいものと考えています。

第三に、多くのアメリカ人にとっては心理学や心理療法が仏教を理解し、信仰するための「通路」（チャンネル）となってきました。なぜなら、どちらも心とその内なるはたらきに関心を注ぐという、明らかな共通点があるからです。

最後に、ユーモアが大好きだというアメリカ人の特徴も、アメリカ仏教に影響を与えてきました。たとえば主要なラジオ局の番組でも仏教に関するジョークを聞いたことがあります。こんな具合です――「ブッダはどうしてソファの下の狭い隙間に掃除機をかけることができなかったのか？」――わかりますか？　答えを言いますよ――「執着（アタッチメント）を捨てた仏陀には、隙間用付属部品（アタッチメント）がなかったから！」。

けっこうよくできたジョークですよね！　どこがおもしろいのかわからない方は、引き続き本書を読めばわかってきますよ。

さて、今回はエンゲージド・ブッディズムというテーマについて、デイヴィッド・ロイ博士に語っていただきます。

＊　＊　＊

一九六〇年代末から七〇年代初頭にかけて、多くのアメリカの若者たちが仏教徒になるという、時代の大きな波がありましたが、私もその一人でした。ちょうどその頃に起きた文化的な変革からの、自然な展開だったと思います。政治的な面ばかりでなく、スピリチュアルな面でも、私たちのような当時の若者は新たな可能性に心を開くようになったのです。そして私自身は大学で哲学を専攻していたので、実存主義哲学から仏教へと関心を移していくことは、それほど大きな飛躍ではありませんでした。ご存じのとおり、仏教はとても実存主義的な宗教で、死、人生の意味、不安といったことについて多くを語ってくれるものですからね。

私の著作は、主に二冊あります。一冊は歴史的な内容です。西洋の歴史がこれまでのような形で展開してきたのはなぜか、仏教の教義を使って説明しようという試みです。書名は『仏教から見た西洋の歴史』（*A Buddhist History of the West*）。西洋における仏教の歴史を語るのではなく、仏教的な考え方を使って西洋の歴史を見ていくものです。もう一冊はそのあとに出版したもので『大いなる目覚め――仏教的社会理論』（*The Great Awakening: A Buddhist Social Theory*）です。これも同じく仏教の教えを活用して社会を理解しようとするものです。ご存じのように仏教では、社会的な課題や問題を考えようとしても、基本的な教義の中からは引っ張り出してすぐに使えるような社会理論があるとは言い難いですよね。この著作はそういった課題に取り組んだものです。

もちろん、仏教は社会的なことに関わるべきではない、むしろもっと心の内、メンタルなものに焦点を絞るべきだと考える人が多くいます。しかしぜひとも私が問い返したいのは、「私たちは本当に両者を分けることができるのか？　本当に、個人的なことを社会的なことから切り離すことができるのだろうか？」ということです。実際、「そのように分けて考えようとすることは、仏教の基本的な教えとひどく矛盾するものだ」と反論することもできます。

ご存じのとおり、仏教の目的はひと言で言えば目覚めです。私たちの真のあり方に目覚めることです。そして目覚めるには、内側と外側という二元論的な見方――「私はここにいて、世界はその外側のあっちにある」という分離した見方――を克服することが必要です。仏教はあらゆるものの相互依存的な関係を強調します、つまりこの世界と切り離された自己などないのだ、と。ですから、ただ自分だけの心の解放、自分だけの目覚めを気にかけていればいいのだと考えてしまうと、私たちが克服しようと修行している二元論的な考え方を、実はむしろ強化することになってしまう……そういう危険があるわけです。

今では社会的な取り組みを専門とする仏教組織はけっこうたくさんあります。私が最もよく知っているのは次の二つです。

まず、タイのバンコクを本拠とするエンゲージド・ブッディスト国際ネットワーク（ＩＮＥＢ）。基本的にはアジアの組織で、南アジア、東南アジア、日本、韓国、台湾にも関連組織があります。もう一つ、アメリカ人にとっての中心的な組織は、カリフォルニア州バークレーを拠点とするブッディスト・ピース・フェローシップです。三五年ほど前から活動しています。あらゆるタイプの仏教を包含して傘下に持つ組織です。実際のところ、この組織の関心事である平和と公正という基本的な信条に賛同してさえいれば、仏教徒でなくとも活動に関わることができます。

この組織の活動の中でも平和と公正に関する問題は極めて重要なものの一つです。特にこの数年は、アフガニスタンやイラクの情勢やテロの問題に取り組んでいます。また、刑務所に関連する活動グループとの協力にも力を入れてきました。今では刑務所にいる受刑者たちの中にも多くの仏教徒がいます。アメリカには膨大な数の刑務所がありますからね。さらに、ホームレスをはじめ、貧困に関する問題などにも積極的です。それと、ジェンダー（性差別）や人種差別といった、やはり平和と公正に関わる問題にも取り組もうとしています。つまり、実に膨大な数の問題を扱っているわけです。それに加えて、こうした問題を理解する一助にしようと、仏教的な観点に立った社会分析の手法を開発しようともしています。

イラク戦争をはじめ現在も戦争が絶えませんが、仏陀も仏教も、平和、非暴力、そして憎しみについては実に多くのことを語っています。仏陀が説いたことの中で、最も興味深くかつ重要なことの一つは、「決して憎しみで憎しみを断ち切ることはできない」ということです。憎しみは、パーリ語の原語はヴェーラ（vera）ですが、必ず憎しみなき心で断ち切られるのです。これはしばしば「愛」や「慈悲」と訳されます。さて、ここで興味深いのは次のような問いです。「これが私たち一人ひとりの個人間で正しいとすれば――そして仏陀は二五〇〇年前にすでにこれが太古以来の法則だと言ったわけですが――個人間で正しいこの教えは集団間でも正しいのだろうか？」。

つまりこの法則はイラクでも有効ではないのか、ということです。考えただけで悲しいことですが、テロに対して軍事行動を起こしてしまったおかげで、現実には二〇〇一年の九・一一（米国同時多発テロ事件）以前に比べて、おそらくアメリカは世界の各地でいっそう嫌われ、憎まれているでしょう。これは仏陀が言おうとしたことを実証しているように思えます。つまりテロに対してテロリストを殺すことで対処しようとすれば、それに対抗してテロリストのネットワークの中から、さらにほかのテロリストの連中が次々に飛び出して来るのも当然だということです。

最後に、仏教が問題にしているのは、とどのつまりは苦しみとそれをいかに終わらせることができるか、ということです。これは従来とても個人的なものとして理解されてきました。私は私の貪欲に、私が抱く悪意に、私の誤った見方にどう対処すべきか、と。いわゆる「害悪の三つの根源」（三毒《さんどく》）です。しかし、今日私たちが直面している状況は従来とは大きく異なっていると思います。組織的な形になったこれら三つの「毒」に対処する方法を見つけなければならないのです。今や私たちは組織化された貪欲、組織化された悪意、組織化された誤った見方が存在する状況の中にいます。これはまさに禅の「公案《こうあん》」のようなものです。まさに現代仏教に突きつけられた難問なのです。個人的な問題と同じように、私たちはこれらにどう対処すべきか、しっかり理解することができるでしょうか？

＊　＊　＊

おわりに

当然のことですが、仏教には、社会的な諸問題についてすべての仏教徒が従うべき一つの立場というものは存在しません。一人ひとりが自分自身で結論を出さなければならないのです。それでもすばらしいことに、アメリカではいわゆる「エンゲージド・ブッディズム」という形で、仏教の社会的な側面が花開いていることを私たちは目の当たりにしています。ただし、この精神はアメリカの独創ではありません。なぜならそれは仏教のスピリチュアルな教えの核心にまでたどることができるからです。それは今回の冒頭の文章に表されているとおりです。

あらゆる存在が互いに関係していることを理解すればこそ、この相互依存関係の認識から感謝の気持ちが湧いてくる。そこから、目に見えない恩義に報いようという、奉仕の精神が生まれてくる。

ユーモアで味わう仏教の教え（1）

アジアの古典ばかりでなくアメリカにおける仏教体験も含め、ユーモラスで軽妙な仏教のお話の世界を探ってみましょう。「どうして？」と不思議に思う方もいるかもしれません。実は、ユーモアは仏教の教えを伝える効果的な手段でもあるのです。また、ユーモアは悟りを開いた人たちのとても重要かつ代表的な特質でもあり、そういった人たちはしばしば気ままで喜びに満ちた雰囲気をかもしだすものです。このコラムでは4回に分けて、インディアナ大学のジョン・マクレー教授にジョークの紹介と解説をしてもらいましょう。

その1

（物語）ある禅寺の和尚さんが、弟子と川へやって来ると、川を渡ろうとしている女性がいました。けれども川の流れが激しすぎて渡れず、女性はどうしていいか途方に暮れています。すると和尚さんはさっと彼女を抱きあげて肩へ載せ、担いで川を渡ります。そうして川の向こう岸で、和尚さんは女性を降ろし、弟子と一緒にまた歩いていきました。しばらく経ってから、弟子が和尚さんに問いかけます――「あのー、先ほどの行いは僧院の規定である『律』に違反していたのではありませんか？　女性に触れるなという決まりに反していますよね？」。すると、和尚さんは次のように答えました――「なんだと、わしはもうとっくに彼女を降ろしてしまったぞ。おまえはなぜまだ抱えたままなのだ？」。

（解説）このお話では、美しい女性自身には何の問題もありません。弟子の方に問題があるわけです。女性を担いでいる和尚さんの後ろを弟子が歩いているところを想像してみてください。弟子はひどく興味をもって彼女の足とか、彼女の存在の美しさを熱心に見つめていることでしょう。それこそが問題なのです。結局のところ、彼が女性に対して自分の欲望を呼び覚ましてしまったということ、そしてそれを捨て去れていなかったということです。彼はものごとにしがみつくことをやめねばならないはずですよね。いろいろな感情があったとしても、それらの感情自体には何も問題はありません。ただそれらにしがみつき、とらわれ、執着してしまうことが問題なのです。

第2章　釈尊——その生涯とイメージ

第4回　仏陀の誕生——出家と苦行

「『宮廷の快楽、健やかなこの身体、喜ばしきこの若さ！　これらは私にとってどんな意味があるというのか？』と彼は考えた。『人は誰でも病むことがあり、やがては老いる。そして死を免れることはできない。若さを誇り、健康を誇り、生きていることを誇りとする——すべて思慮ある人々はそんな高慢を打ち捨てるべきである。』」

（*The Teaching of Buddha*　８ページ）

はじめに

今回からは、仏教を開いた仏陀の生涯に焦点を当て、仏教の源流へと遡ります。仏陀は神ではなく、一人の人間でした。今から二五〇〇年ほど前、インド亜大陸の北東部に生きたのです。

さまざまな史料によれば、仏陀は今日のインドとネパールの国境地帯にあった、ある王国の王子として生まれました。名前はシッダールタ（Siddhārtha）と言い、「目的を成就した者」という意味で、姓はガウタマ（Gautama）でした。

古代インドの言葉であるサンスクリット語では、「ブッダ」（Buddha）は「目覚めた者」を意味していました。ですから、実は「ブッダ」とは、究極的な目覚めを達成した人ならば誰にでも使える称号だったのです。そしてそうした目覚めこそ、今も昔もすべての仏教徒が目的としているものです。つまり、仏教では、目覚めた人の数だけブッダがいるということになります。しかし、ふつう「ブッダ」（仏陀）と言えば、仏教の開祖となったあの古代インドの王子のことを指します。混乱を避けるため、しばしば「釈迦牟尼仏《しゃかむにぶつ》」（Śākyamuni Buddha）とも呼ばれます。「釈迦牟尼」の「釈迦」は彼の一族の名称で、「牟尼」は「聖人」の意味ですから、「釈迦族の聖者」（釈尊）という意味です。

誕生と青年時代

仏教の言い伝えによれば、ある晩、シッダールタ王子の母となるマーヤー王妃（摩耶夫人《まやぶにん》、Māyā）は不思議な夢を見ました。右脇から白い象が胎内に入る夢で、その後、懐妊しました。九か月後、出産のために実家へと戻る途中、ルンビニー園で休息を取ったマーヤー王妃はアショーカ樹の美しい花々に見とれました。枝に手を伸ばすと、手が届くようにと木がみずから幹を曲げたと言われますが、この時、王妃は立ったまま出産したのです。

生まれるや否や、王子は七歩歩いて「天上天下を含むこの世界の中で、ただ一人私だけが尊者である！」（天上天下唯我独尊《てんじょうてんげゆいがどくそん》）と言ったとされています。しかし王子誕生の喜びも束の間、マーヤー王妃が急逝します。このため王子は継母マハープラジャーパティー（Mahāprajāpatī）の手で育てられました。

多くの言い伝えによると、若き王子は多感な子でした。ある時、木の下に座って、農民が土を耕しているのを眺めていました。まもなく鳥たちが舞い降りてはミミズをついばみ始めました。若き王子はこれに衝撃を受け、生きものがお互いを餌食としなければならないことに悲しみを覚えました。

繊細な性格の若き王子でしたから、ある仙人が、父のシュッドーダナ王（浄飯王《じょうぼんおう》、Śuddhodana）に「あなたの息子は偉大な王か著名なスピリチュアルなリーダーになるだろう」と予言しても、王はそれほど驚かなかったに違いありません。王は、息子が王国を捨ててスピリチュアルな求道に生きることを選ぶのではないかと恐れ、息子が苦痛や苦悩を経験しないようにと、あらゆる手を尽くして守ろうとしました。こうして王子は、若く、健康で、美しい人々ばかりに囲まれて、清らかな宮廷内の快適な暮らしの中で育てられました。

出家——四門出遊《しもんしゅつゆう》

しかし、宮廷の門からぶらりと外へ出ること四度、それまでの暮らしは終わりを迎えました。御者に伴われての初めての外出で、シッダールタ王子は馬車に乗って東門から宮廷外へと出て行きました。すると、腰が曲がり、杖を使っても歩くのがやっとという老人と出会いました。そのような人を見たことがなかった王子はとまどい、あの高齢の人物は何者かと御者に訊ねました。すると、長く生きれば誰でもあのようになるのだと、御者から言われました。衝撃を受けた王子は「私もか？」と訊きました。答えは、「はい、王子様、あなたもです」。

別の日のこと、王子は南門から出かけました。まもなく、病人がひどい苦痛にもだえながら路傍に横たわっているところに行きあたりました。再び衝撃を受けた王子は、「私もあのようになるのか？」と、御者に訊きました。答えは、「はい、王子様、あなたもです」。

三度目、王子は西門から外出しました。出会ったのは遺族の手で火葬場へと運ばれていく死者でした。またもや衝撃を受けた王子は「私もか？」と御者に訊きました。答えは同じく、「はい、王子様、あなたもです」。

さらに別の日、王子は北門を出ました。そこで遊行僧《ゆぎょうそう》と出会いました。今回はその僧侶の穏やかで落ち着いた様子にすっかり王子は目を奪われ、彼のようになってスピリチュアルな生き方を追い求めたいと思わずにはいられませんでした。

仏陀の求道の始まり

それからほどなくして、王子は難しい決断を下しました。家族と、そして贅沢と快楽に満ちた生活を捨て、苦しみとそれをいかに乗り越えるかという問題への答えを探すことにしたのです。彼がそうしようと思った動機は、今回の冒頭の言葉に表されています。

「宮廷の快楽、健やかなこの身体、喜ばしきこの若さ！　これらは私にとってどんな意味があるというのか？」と彼は考えた。「人は誰でも病むことがあり、やがては老いる。そして死を免れることはできない。若さを誇り、健康を誇り、生きていることを誇りとする――すべて思慮ある人々はそんな高慢を打ち捨てるべきである。」

こうして王子は森へと向かって行きました。二九歳の時のことでした。

第５回　仏陀の悟り、説法、弟子たちへの継承

「東の空に明けの明星が現れた頃、戦いは終わり、菩薩の心は夜明けのように澄み、光り輝いていた。彼はついに悟りへの道を見出したのだった。」

（*The Teaching of Buddha* ８ページ）

仏陀の苦行

真理を求めて宮廷を後にしたシッダールタ王子は、さまざまな指導者を訪ねて学びました。この時以降、彼はもはや王子ではなく、菩薩《ぼさつ》（ボーディサットヴァ、bodhisattva）、つまり「悟りを追い求める者」になったのでした。菩薩となったシッダールタが訪ねたのは、著名な指導者ばかりでしたが、彼らのどの修行法も完全には満足のいくものではありませんでした。そこで代わりに、厳しい苦行に取り組もうと、ほかの修行者たちの仲間に加わりました。あまりにも激しい種々の苦行のため、菩薩の身体はひどく衰弱し、手足は節くれだった竹のようにやせ細ってしま

いました。

けれども、残念ながら、またもやまったく何の成果もないままに、この苦行の道を放棄せざるをえませんでした。こうして、宮廷での快適な暮らしも、六年間の苦行の暮らしも、菩薩には平安をもたらしてはくれませんでした。

スジャーターから仏陀への捧げもの

やがて菩薩は、近くの村のスジャーター（Sujātā）という名の若い女性から乳粥《ちちがゆ》の捧げものを受け、体力を回復しました。続いて菩薩は、後に「菩提樹」つまり「悟りの木」と呼ばれるようになったピッパラ樹の下に座り、悟りの境地に達するまで決してその場を離れまいと決意しました。その木陰で、やがて深い瞑想による平穏と安らぎの境地に入りました。

マーラとの闘い

この瞑想中に、実際にどのようなことが起きたのでしょうか。多くの言い伝えがありますが、中でもわかりやすく、意義深いと私が思うのは、菩薩がマーラ（Māra）という者と遭遇したとされるお話です。

マーラとは「死をもたらす者」という意味で、私たちの知的および感情的な執着《しゅうじゃく》を象徴するものです。このお話の中でマーラは、菩薩の前に現れてさまざまに誘惑します。菩薩がみずから貪欲、憎しみ、そして無知に屈するようにさせるためです。

たとえば、マーラは種々の武器を持った悪魔の軍団を派遣して菩薩を攻撃させます。しかし菩薩は、悪魔たちとその武器は憎しみと怒りへの執着を表すものにすぎないと見抜きます。

その結果、菩薩は彼らを相手にせず、悪魔たちが投げつけた武器の雨は美しい花々の雨に変わりました。こうして、人々が苦しむのはこのような執着を野放しにして呑みこまれてしまうからだと、菩薩は気づいたのです。

次にマーラは菩薩に挑もうとみずから近づき、問いかけました――どのような権利があって、おまえは菩提樹の下に座っているのか、と。菩薩は、長い間スピリチュアルな求道を実践してきたという権威に基いて、と答えました。マーラは自分も同様だと言って反論しました。そのうえ、自分の場合は無数の軍勢がそれを証明しているが、おまえの言葉は誰が証し立てしてくれるのか、と。

仏陀の悟り

すると菩薩は右手を挙げ、そして地に触れ、大地そのものに証し立てをしてくれるよう求めました――これは今では「大地を触る仕草」（触地印《そくじいん》）として知られています。これはマーラの敗北と、菩薩が悟りを開いて仏陀となったことを示すものでした。

当然ながら、仏陀が悟りに至った経緯はこれだけではありません。右のストーリーはむしろ悟りの本質を垣間見させてくれるものと言うべきでしょう。それは冒頭に挙げた今回の言葉でも描かれているとおりです。

東の空に明けの明星が現れた頃、戦いは終わり、菩薩の心は夜明けのように澄み、光り輝いていた。彼はついに悟りへの道を見出したのだった。

こうして彼は「目覚めた者」、つまり「ブッダ」になったのです！

仏陀の初めての説法――初転法輪《しょてんぽうりん》

仏陀はみずから発見した真実を人々と分かち合おうと決心すると、かつて共に修行をした五人の苦行者たちに会いに行きました。最初、彼らは仏陀を避けようとしましたが、仏陀の初めての説法を聞くうちに、その物腰や言葉に魅了されました。仏陀の悟りは本物だと得心した彼らは、仏陀の最初の弟子たちになりました。

それ以来、仏陀は広く各地を旅しながら教えを説いていきました。彼のカリスマ性と慈悲深さから、多くの人々が彼を師と仰ぐようになり、弟子の数はふくらむばかりでした。ある伝承によれば、妻のヤショーダラー（Yaśodharā）、息子ラーフラ（Rāhula）、継母マハープラジャーパティー（Mahāprajāpatī）、そして父親までもが僧侶や尼僧たちの集団である「サンガ」（僧伽《そうぎゃ》、saṃgha）の一員になったとされます。

仏陀の死去（仏滅）

続く四五年の間、仏陀は周辺の地域をくまなく歩き、真理を人々に明かし、人々を教え、育んでいきました。八〇歳となった仏陀は、在家の信者が捧げた食物を食べたのちに病に倒れて死に瀕しました。そして、二本の大きなシャーラ樹（沙羅双樹《さらそうじゅ》）の間に横になり、人生の最期の瞬間まで教えを説き続けました。師の最期を前にした悲しみに、弟子や在家の信者や動物たちまでもが涙を流す中、仏陀は次のような有名な言葉を述べました。

「自分を自分の導きの灯りとし、自分を頼りとしなさい。他人に頼ってはなりません。私の教えをあなたがたの導きの灯りとしなさい。」

おわりに

仏陀の生涯は、人生はその核心の部分では本質的に良いものだということを証し立てています。生きることの本質に目覚めれば、私たちは大いなる喜び、感謝、そして他者と「ひとつ」であることを実感できます。私たちは世界の一部であって、切り離された存在ではないと気づくのです。

この「ひとつである」ということを考えていただきながら、この回を終わりたいと思いますが、最後にささやかなユーモアで締めくくらせてください。

ある時、ある仏教僧がホットドッグを食べたいと思いました。そこでにぎやかな街角のホットドッグの屋台へ歩いて行きました。売り子が聞きます――「どんなトッピングで、おいくつにしますか？」。仏教僧は答えました――「あらゆるものを、ひとつにしてくれ！」。これは、本来は「すべての具材やソースが載ったのを一つ私に作ってください」という意味ですが、同時に「私をあらゆるものとひとつにしてください」という宗教的な一体観を体験したいという意味にも取れますね。このお話、気に入っていただけたでしょうか？

第6回　釈尊の肖像

「姿や形だけで仏を求めてはならない。姿、形は真の仏ではない。真の仏は悟りそのものである。だから、悟りを見る者が真に仏を見る。」

（*The Teaching of Buddha* 14ページ）

仏陀の肖像は、仏教徒の信仰生活にとって極めて重要な役割を持っています。しかしとても興味深いことに、仏陀を人間の姿で表現するという習慣は、実は仏陀が入滅してから数百年後に初めて生まれたものなのです。

それにはいくつかの理由が挙げられています。一つは、当時の人々にとって、仏陀はたんなる人間という形に限定して表現するにはあまりにも神聖で、人間の思考を超えた存在だったからだ、という見方です。この説はユダヤ教やイスラム教といったほかの宗教における見方と実はよく似ています。

しかしだからといって、仏陀の時代に続く数世紀の間、仏陀を表すもの、つまり仏陀の象徴

（シンボル）が、まったくなかったわけではありません。たとえば、傘（傘蓋《さんがい》）や主のいない玉座などで表現した例があり、いずれも仏陀が王族の出身であることを象徴的に表したものです。同じくよく目にするシンボルに、仏陀の足跡（仏足跡《ぶっそくせき》）があります。そしてもちろん、法輪《ほうりん》があります。これはダルマ——つまり（仏教の）教え——を象徴するもので、仏陀の教えは今も荷車の車輪が回って進み続けるように、広範にそして永遠に広がり続けているのです。

それでは、仏陀の肖像について、モニカ・ディクスさんに解説してもらいましょう。

＊　＊　＊

①誕生仏（ベイビー・ブッダ）

この像は、一方の手は上を指し、もう一方は下を指していて、こう述べているところです——「天上天下を含むこの世界の中で、ただ一人私だけが尊者である！」（天上天下唯我独尊）、つまり、これが私にとって輪廻《りんね》の中の最後の誕生であり、もはや再生することはない、という意味です。この言葉にはさまざまな解釈がありますが、私は次のような意味だととらえています——人は誰もが唯一無二の存在であり、すべての人は悟りを得る可能性を完全に備えている、と。

この特異な仏陀像は、東アジアの伝統を汲む仏教徒たちにとって

誕生仏

大地に触れる仕草の仏陀

苦行像

重要なものです。なぜなら毎年、仏陀生誕の日を祝う時（四月八日）に、信者たちはこうした誕生仏の仏像に甘茶を注ぎかけるからです。これはルンビニー園で、仏陀が生まれた時に甘露の雨が降り注いだことを象徴しています。

②苦行像

苦行像は下山する仏陀の像と呼ばれることもあります。この仏像は、仏陀が老人、病人、死人と遭遇してから家族のもとを離れ、瞑想の苦行をするために山にこもったことに関連しています。この肖像では、皮膚の下から骨が浮き出ているのがわかりますね。身体はひどく衰弱し、やせこけ、栄養不良で、ひげを蓄えているというか伸びていて、これらは荒々しさ、つまり荒々しい苦行に励む隠遁者であることを示すものです。このような肖像は特に日本の禅宗の仏教美術でよく見られます。

③大地に触れる仕草（触地印《そくじいん》）の仏陀

この形の仏像は悪魔マーラに勝利したというお話に関連しています。仏陀は悟りを開いたことの証人となるよう大地に呼びかける仕草——ムドラー（mudrā、印相《いんぞう》・印契《いんげい》）——を手に結びました。つ

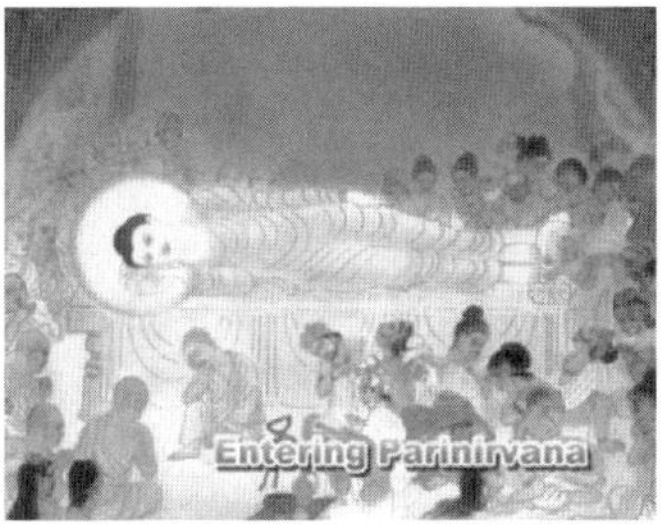

涅槃仏

転法輪仏

まり一方の手は地面を指さし、もう一方は膝に乗せている形です。「証人となるよう大地に呼びかける」というのは、ブッダガヤーで蓮華の玉座（金剛座《こんごうざ》）に座るために、過去のいくつもの人生で善行を積み、現世でも功徳を積んできたことを証し立てるということです。

④転法輪仏《てんぼうりんぶつ》

　仏伝によれば、仏陀はベナーレスの近くのサールナートにある「鹿の公園」（鹿野苑《ろくやおん》）で初めての説法を行いました。最初の五人の弟子たちに教えを説いたのです。そしてこの肖像は仏陀がその五人の弟子たちの前で仏教の教えを説き、論じているところを表しています。またこれは「転法輪」と呼ばれますが、それは法輪が仏陀の教えを象徴するものだからです。

⑤涅槃仏《ねはんぶつ》

　この「涅槃に入る仏陀」の像は、仏陀が瀕死の床に就いて哀悼する人たちに囲まれているところを描いています。特に日本の仏画や仏像では、哀悼者たちには仏陀の弟子たちだけでなく、在家の人々やあらゆる種類の動物たちも含まれています。そして時には仏陀の母親、マーヤー妃も、画面の右の隅からやって来て仏陀の死を見つめているように描かれます。

⑥笑仏

釈尊の仏像とは異なりますが、もう一つ変わったブッダの像を紹介しましょう。これは中国の「笑う仏」（笑仏）というもので、楽しげな雰囲気があります。ぽっちゃりしたお腹に、そしてこの像では袋をかついでいます。でも時には子供たちに囲まれた姿で表現されます。この仏は弥勒菩薩《みろくぼさつ》の化身の一つともされています。しかしそのように規定するのはちょっと問題です。なぜなら元々は中国の伝説的な禅僧をモデルとして多産と繁栄の神様になったからです。伝統的な仏教の聖典に属するものではありません。そして中国での名前は「布袋和尚《ほていおしょう》」で、「布の袋を持った僧侶」という意味です。中国では街角やお寺でよく見かけますが、人々は彼のお腹をなでて、開運と繁栄を祈ります。

笑仏

＊　＊　＊

これらの肖像はそれ自体としては何ら特別な力を秘めているわけではありませんから、偶像として崇拝すべきものではありません。そうではなくて、これらの肖像によって、私たちは彼のようになろうという思いを触発されるのです。たとえ完全に彼のようにはなれないとしても、私たちがそれぞれ自分なりに、悟りに達したいと心から思うことが大切なのです。そこで、今回は冒頭で次のような言葉をご紹介したわけです。

姿や形だけで仏を求めてはならない。姿、形は真の仏ではない。真の仏は悟りそのものである。だから、悟りを見る者が真に仏を見る。

第7回　仏・菩薩の肖像

「仏の心とは大慈悲である。大慈の心とは、あらゆる手だてによってすべての人々を救う心。大悲の心とは、病める人々と共に病み、悩める人々と共に悩む心である。」

（*The Teaching of Buddha* 28ページ）

菩薩とはなにか

続いて菩薩と、釈尊以外の仏《ほとけ》の絵や像を見ていきましょう。

まずボーディサットヴァ（菩提薩埵《ぼだいさった》＝菩薩、bodhisattva）から始めましょう。サンスクリット語のボーディ（菩提、bodhi）とは「目覚め（悟り）」を意味し、「サットヴァ」（薩埵、sattva）は「生きもの」（衆生《しゅじょう》）を意味します。ですから、あわせて「悟りの人々」という意味になります。これには二つの意味があります。第一は「悟りを目指している人々」で、すでに以前の回で見てきたように、家を捨てて苦行者になったシッダールタ王子の場合が当てはまります。

第二の意味では、菩薩は、高度なスピリチュアルなレベルに達しているが、まだ完全に仏にはなっていない人々のことを指します。実は多くの菩薩が、救おうとする人々のそばにみずから進んで寄り添おうと、仏になるのを延期します。もっと言えば、菩薩たちはみずからの存在そのものを、他者を助けることに捧げているのです。それは菩薩の四つの普遍的な誓い（四弘誓願《しぐせいがん》）の最初の誓いに見てとれます――「たとえ衆生は数限りないとしても、私はそのすべてを救済することを誓う」（衆生無辺誓願度《しゅじょうむへんせいがんど》）。

多くの信者にとって、菩薩たちは仏たちよりも親しみやすいものです。時として仏たちは、とても世俗的な願いごと――病気を治してほしいとか、危険から守ってほしいとか――をかなえてもらうには、あまりにも超越的な存在に見られてしまうことがあるからです。そのため、こうした「救済者」としての菩薩は、これまで民衆の篤い信仰の対象とされてきました。

釈尊以外の仏たち

次に、釈尊以外の仏たちのことは、どう理解すべきでしょうか？　実は釈尊が入滅してまもなく、仏教徒たちは釈尊の以前にも多くの仏たちが――いわゆる「過去仏《かこぶつ》」たちが――この世にいたと信じるようになりました。ですから仏教の開祖であるはずの釈尊も、彼に先行した多くの仏たちの系譜を継ぐ一人だとされたわけです。

これはやがて「弥勒《みろく》」と呼ばれる「未来仏」が将来現れて、この世のスピリチュアルなあり方を再び活性化させてくれるという信仰を生みました。弥勒がいつやって来るのか、その具体的な時期については五〇〇〇年後というものから、なんと数十億年後というものまで幅があります。その定められた時まで、弥勒は今も菩薩として天上の兜率天《とそつてん》にいて、仏として地上へ降りてくることができるのを待っているのです。

あわせて、ほどなくして「現在仏《げんざいぶつ》」に対する信仰も生まれました。その仏たちは過去仏や未来仏とは異なり、現在、この世を超えた別の世界に住んでいるとされました。そうした現在仏の中でも最もよく知られているのが阿弥陀仏で、仏教の最大の宗派の一つである浄土教で信仰の対象とされています。

それでは、前回と同様に、モニカ・ディクスさんに解説してもらいましょう。

＊　＊　＊

①死者を慰める菩薩——地蔵菩薩（クシティガルバ）

地蔵菩薩は「大地のように包含する」という意味の名前ですが、浄土教でも重要な存在となっています。彼は輪廻《りんね》の世界をつかさどり、地獄へ落ちた死者の魂を慰めてくれると考えられています。しかし地蔵はまた、亡くなった子供たちに関わる役割も持っています。亡くなった子供たちを救うための聖者でもあるのです。そして日本の各地の寺で地蔵菩薩の石像を目にすることができます。たいていは赤いよだれ掛けをつけていて、亡くなった子供たちのために祈る親たちが

弥勒菩薩

地蔵菩薩

足元におもちゃをお供えしています。

　お寺にたくさんの地蔵菩薩像があるのは、たいてい信者たちが、石像の製作を依頼して寄進できるからなのです。それに、仏教の信仰対象として人気があることに加えて、日本の民間信仰にも関係しているからです。地蔵菩薩は出家僧のような姿の菩薩ですから、人間味もあって多くの人が惹かれるわけです。普通は、頭を剃って手に杖（錫杖《しゃくじょう》）と宝石（宝珠《ほうじゅ》）を持っています。

②未来仏となる菩薩――弥勒菩薩（マイトレーヤ）

　弥勒は未来仏で、彼の浄土である兜《と》率天《そつてん》に住んでいます。そして一定の期間ののちにこの世に降りてきて、新しい仏になるのです。実際この像では、弥勒はまだ仏になっていませんから、ハンサムな若い菩薩の姿で表されています。しかしいったん地上に降りて来れば、その未来の世界で仏になるわけです。

　いつやって来るかは、いろいろと説がありますが、いずれも「末《まっ》法《ぽう》」――仏の教えがこの世に存在する最後の時代――という考え方が核になっています。その末法の時代がいつから始まったのかは、異なる説がいくつもあります。それでも一般的に、私たちは今も末

阿弥陀如来

観音菩薩

法の時代に生きていると考えられています。そしていったん末法の時代が終わると、未来の仏がやって来ることになります。

③慈悲の菩薩――観音菩薩（アヴァローキテーシュヴァラ）

観音は、最も信仰を集めている菩薩だと言えるでしょう。そしてこの観音は三三種類の異なる姿を取ることができます。しかし最も一般的な形はこの写真のように立ち姿で、水瓶《すいびょう》、念珠《ねんじゅ》、そしてたいてい蓮の花を手に持っています。観音の特徴はその宝冠にあって、阿弥陀仏と関わりがあるので、宝冠に阿弥陀仏の像が付いています。特に中国は観音が最も人気があり、最も篤く信仰されている国でもありますが、時として子供を抱いた母親の姿で表現されることがあります。そのため中国では、観音像は女性的な特徴で表現されることもあります。

④無限の光と命の仏――阿弥陀如来（アミターバまたはアミターユス）

阿弥陀仏は浄土教の中心的な信仰対象で、極楽浄土として知られる西方浄土にいるとされています。そして死後の命とさらにその先をつかさどる仏です。阿弥陀仏に対する信仰は浄土教に属しますが、日本でとても広く見られ、特に鎌倉時代以降、熱心に信仰されてき

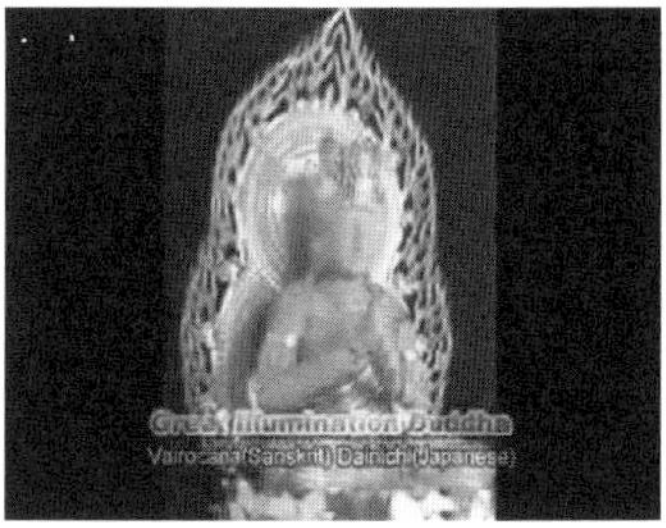

大日如来

ました。人々は阿弥陀仏の浄土に往生したいと願って信仰してきました。極楽浄土はすばらしいところで、宮殿や宝石で飾られた木々があります。そして阿弥陀仏が信者たちを悟りへと導いてくれる場所です。このように阿弥陀仏は信者たちにとても希望に満ちた未来像を与えてくれるのです。

⑤大いなる光明で照らす仏——大日如来（ヴァイローチャナ）

この仏は密教の胎蔵界《たいぞうかい》曼荼羅《まんだら》と金剛界《こんごうかい》曼荼羅の第一の尊格です。そして大いなる光と真理の仏と呼ばれていて、絶対の真理を体現しています。この像では智慧の教えを説く仕草、つまりムドラー（mudrā、印相《いんぞう》・印契《いんげい》）をしていて（智拳印《ちけんいん》・大妙智印《だいみょうちいん》）、初転法輪の場所であるサールナートの鹿野苑《ろくやおん》での仏陀の説法に似ているところがあります。ですから基本的に、悟りの絶対的な姿を表しているのです。

おわりに

目覚めという悟りのあり方こそ仏教の教えの核心ですから、仏教徒たちはしばしば智慧について語ります。でもそれはことの半分にすぎません。なぜなら目覚めは同時に慈悲を伴うものだからです。智慧と慈悲は鳥の両翼のようなもの。そして今回私たちが見てきた仏たちの姿は、慈悲を説き、慈悲を形に表して、何世紀にもわたって多くの庶民の心の琴線に触れてきたのです。

仏の心とは大慈悲である。大慈の心とは、あらゆる手だてによってすべての人々を救う心。大悲の心とは、病める人々と共に病み、悩める人々と共に悩む心である。

第3章　四つの聖なる真理（四聖諦）

第８回　苦しみはその人次第――四つの聖なる真理（1）

「悟りを求める者は四つの聖なる真理を知らなければならない。それらを知ることがなければ、人はいつまでも迷いの道をさまよい続ける。これら四つの聖なる真理を知る人を、『悟りの目を得た者』と呼ぶ。」

（The Teaching of Buddha 76ページ）

次に仏陀の教えに目を向けましょう。仏陀は何を説いたのか――仏教の一番おいしい「お肉」の部分ですね！　……まあ、「お肉」というのは語弊があるかもしれません。仏教徒は菜食主義者だと思われていますから。でも実際は、すべての仏教徒が菜食主義者というわけではありません。仏陀自身でさえ菜食主義ではありませんでした。

四つの聖なる真理

仏陀の教えの中で、最も基本となるのが「四つの聖なる真理」（四聖諦《ししょうたい》）です。仏陀の初めての説法（初転法輪《しょてんぼうりん》）でもこれが主なテーマでした。苦行を六年間共にした五人の出家修行者に対して、仏陀が初めて教えを説いた時のことです。言い伝えによれば、この仏陀の説法を聞いた五人は、その場ですぐに完全な目覚めを得たと言われています。つまり「四つの聖なる真理」は仏陀の最初の説法のテーマでもあり、それだけでなく、最初の弟子たちをまさに悟りへ導いた教えでもあったのです。

それに何よりも、初めて仏教について学ぼうとしている人たちにとっては、この「四つの聖なる真理」は仏陀の教えの全体像を示してくれますし、仏陀の教えをよりよく理解するための総合的な枠組みを与えてくれるものだと、私は思っています。ちょっと難しくなりましたが、要するに最高の出発点だということです！

それでは「四つの聖なる真理」とは何か、見ていきましょう。伝統的には次のように言われています。

第一の真理――苦しみ（苦諦《くたい》）
第二の真理――苦しみの原因（集諦《じったい》）
第三の真理――苦しみの消滅（滅諦《めったい》）

第四の真理――道の教え（道諦《どうたい》）

これらの真理をもう少しわかりやすく、かみ砕いて言い換えてみましょう。

第一の真理――私たちは誰もが苦しみを経験する

第二の真理――苦しみは貪り、憎しみ、愚かさによって生じる

第三の真理――苦しみが消えてなくなる悟りの状態というものがある

第四の真理――悟りを得るための道がある

第一の真理――私たちは誰もが苦しみを経験する

仏陀は苦しみには八種類あるとしました。それは、（1）誕生（生《しょう》）、（2）老い（老《ろう》）、（3）病気（病《びょう》）、（4）死ぬこと（死《し》）、（5）嫌いなものに向き合うこと（怨憎会苦《おんぞうえく》）、（6）好きなものと別れること（愛別離苦《あいべつりく》）、（7）欲しいものが得られないこと（求不得苦《ぐふとっく》）、（8）私という存在を成り立たせている物質的・心理的な五つの構成要素への執着（五蘊盛苦《ごうんじょうく》）です。わかりにくいかもしれませんが、ご心配なく。それぞれ回を追って説明していきますから。でも少なくとも（2）～（4）の三つはわかりますよね？　これまでの回をお読みいただいた方なら、シッダールタ王子がスピリチュアルな道を求めに行こうと思い立ったきっかけは、老人、病人、そして死人を目にしてショックを受けたことだったのを覚えているでしょう。

ここで一つ確認しておくべきことがあります。ここで言う「苦しみ」とは、ある状態に対するその人の反応を指すのであって、苦しみにつながる状態そのものを言うのではない、ということです。たとえば老いることはたんなる状態です。悟りを開いた仏陀はそれに悩まされることなどありませんでした。でも普通の人の多くは、老いることをあれこれ思い悩んだりします。だからこそ老いることに苦しみを感じるのです。このように、苦しみとはある状態への反応なのです。

ですから仏陀にとって「苦しみ」とは、私たちのさまざまな体験の内面的な次元と深く関わる問題でした。つまり社会的な条件や自然災害などによる苦しみよりも、特に病気、老い、死など、「実存的な困難や状態」に関連していたわけです。ただそうは言っても、もし仏陀が今生きていたとしたら、あのスマトラ沖地震や東日本大震災の津波による被害には誰にも戦慄と悲しみを感じてほしいと思ったに違いありませんが。他者に対する仏陀のはかり知れない思いやりの心は、言葉や行動としてすべての被災者に向けられたはずです。仏陀はそうした人たちの痛みや苦しみに無関心であったはずはありません――ちょうど仏陀が当時もあったカースト制度の非道さに異を唱えたのと同じように。

第二の真理――苦しみは貪り、憎しみ、愚かさによって生じる

では、第一の真理はこの第二の真理とどうつながってくるのでしょうか？

第二の真理は、苦しみは貪り、憎しみ、そして愚かさによって生じるということです。貪り、憎しみ、愚かさは「三毒《さんどく》」とも言われ、私たちの苦しみの原因あるいは理由となるものです。たとえば仏陀になる前のシッダールタ王子は、亡くなった人を見て心に激しい痛みとショック、そして苦しみを感じました。この反応は生に対する彼の欲望（＝貪り）に根差していました――仏陀自身の言葉によれば「存在していたいという渇望」に。そのうえ、無常という真理――つまり身体を含むあらゆるものは変化を免れないこと――に対する無知も加わったのですからたいへんです。

さて、私たちもそんな仏陀の気持ちはよくわかるのではないでしょうか。生への欲望は普遍的ですし、ほぼ誰にとっても強烈な欲動だからです。しかしこの生への渇望がいかに一般的で普遍的であったとしても、それがやはり貪りであることには変わりありません。

仏陀が見出したこの真理には、なかなか納得できないかもしれません。少なくとも私はそうでした。一〇代の初めの頃、人は誰でもやがては死ぬのだということにある日突然気づいた時、納得がいきませんでした。そんなのおかしい、こんなはずじゃなかったのに、と感じたことを今でもはっきり覚えています。

そして「死に対する私の違和感は、私の貪欲と生への執着が原因だ」という仏教の教えを聞いても、最初はあまり慰めにもなりませんでした。しかしやがてこの教えは、死に関する苦しみの根本的な原因は私の心の中にあるのだということを、私に気づかせてくれるようになりました。

第三の真理――苦しみが消えてなくなる悟りの状態というものがある

次に消滅という真理、つまり苦しみが消えてなくなる悟りの状態がある、という第三の真理へ進みましょう。これは仏陀が菩提樹の下で到達した境地で、「ニルヴァーナ」（nirvāṇa、涅槃《ねはん》）とも呼ばれています。この「ニルヴァーナ」という言葉は「究極的な幸せ、至福、自由や解放」といったものを表す言葉としてそのまま英語になっているほどです。今では英単語として辞書にも出ていますよ。「ニルヴァーナ（Nirvana）」という名前の世界的に有名なロックバンドまでありましたよね。

第四の真理――悟りを得るための道がある

この悟りまたはニルヴァーナは、第四の真理を完成することで得られます。それは、悟りを得るための道がある、ということです。その道は「八項目から成る聖なる道」（八正道《はっしょうどう》）と呼ばれています。その八つとは何でしょうか？　正しい見解（正見《しょうけん》）、正しい思考（正思《しょうし》）、正しい言葉（正語《しょうご》）、正しい行い（正業《しょうごう》）、正しい生活（正命《しょうみょう》）、正しい努力（正精進《しょうしょうじん》）、正しい精神集中（正念《しょうねん》）、そして正しい瞑想（正定《しょうじょう》）です。それぞれについてはこれから次第に掘り下げて見ていきたいと思います。今のところは、悟りを得るにはどういうことが必要か、おおざっぱにつかんでおけばよいでしょう。

　さて、おわかりのとおり第四の真理と第三の真理とは原因と結果という関係にもあるわけです。八正道を、つまり第四の真理を実践することで、ニルヴァーナを、つまり第三の真理を得ることができて、苦しみが終わるのです。

　このように、四つの聖なる真理は、二組の「原因と結果の関係」から成り立っています。第二の真理が第一の真理の原因で、第四の真理が第三の真理の原因です。ここで一番大事なことは、第三の真理（悟り）が得られれば、第一の真理（苦しみ）が消滅する、あるいは減る、ということです。

　この四つの聖なる真理を考察してみると、いずれも経験と論理に基づいていることがわかります。何か私たち自身が生活の中で体験できないようなことを、無理に信じろというわけではないのです。この教えは、私たちは苦しみを感じるものだという事実を指摘し、続いてその原因を特定していきます。そして正しく考え、話し、行動しなさいという「道」を提案するのです。そのとおり実践すれば、私たちは自分はもちろん、他者の苦しみのレベルも下げることができるわけです。

「四つの聖なる真理」とイソップ物語の「欲張りな犬」

さて、この「四つの聖なる真理」を、特に最初の二つを、子供たちでもわかるようにやさしく言い換えてみましょう。そのためにはお話がとても役に立ちます。伝統的な仏教説話もいろいろありますが、今日は西洋のお話を取り上げてみたいと思います。

イソップ物語の中に有名な「欲張りな犬」という寓話があります。ご存じかと思いますが、こんな具合のお話です。

ある時、腹を減らした老犬が、おいしそうな骨をくわえて運んでいる子犬を見かけました。欲張りな老犬はこの骨が欲しくなり、子犬が骨を落として逃げ出すまで吠えたり唸り声をあげたりしました。そして、老犬は子犬が落とした骨をくわえると、どこかゆっくり味わえるところを探しに行きました。その途中で橋を渡りましたが、橋の縁から下を見ると、そこにもう一匹、骨をくわえた犬が見えるではありませんか。そのもう一匹の犬が実は水に映った自分の姿だとも気づかずに、老犬はその骨も欲しくなって水に映った犬に向かって吠えました。すると――ポチャン――自分がくわえていた骨が川に落ちてしまい、老犬は骨をなくして再び腹ペコになってしまったのでした！

さあ、原因と結果の関係はもうおわかりでしょう。貪りのおかげで痛い目に遭ったのです。老犬は子犬の骨を奪い、子犬に苦しみを与えただけでなく、自分でも結局は骨を失って空腹になってしまったわけです。

「四つの聖なる真理」を自分の場合に当てはめてみる

さて、このお話を聞いて「なんて間抜けで欲張りな犬なんだ!」とつぶやいている人もいるかもしれませんね。

しかし私たちはあの犬とそんなに違うでしょうか? 私たちだって時には同じようなことがありませんか? 私たちだって貪欲に流され、もっともっと欲しいと思うことはありますよね? その結果、私たちは大きな負債を抱え込んで家族に無用な負担をかけ、無理して働くはめになってしまうこともあるでしょう。そうなると家族や友人と過ごす時間も充分に取れなくなります。お互い一緒に過ごす時間が足りずに、多くの夫婦が疎遠になって、ついには離婚してしまいます。あるいはストレスに満ちた生活が心身をむしばみ、心理的あるいは身体的な病にかかるのです。

自分の貪欲を私たちが暮らしている消費経済という制度のせいにすることもできるでしょう。確かに、私たちは人類史上最も裕福な時代に生きていて、多くの中流層の人が寝室四つに三台分の車庫まであるような家に住めたりします。でもその多くは職場や学校や商店から遠く離れていますから、何台もの車と大量のガソリンが必要です。私たちの生活スタイルは莫大な消費に支えられているのです。ですからよく注意していないと、自分たちの貪欲がもたらすものの重みに押しつぶされてしまうでしょう。

しかし仏教の道を歩むことは自律的に生き、他人のせいにせず、被害者意識を持たないことを意味します。もっと消費の少ないライフスタイルを奨励するために、社会のあり方を変えるのに協力していく生き方を選ぶこともできます。それをエンゲージド・ブッディズムの精神で行うこともできるでしょう。この仏教運動はダルマ（仏法《ぶっぽう》）を個人的なレベルから社会的なレベルへ適用するよう私たちを喚起してくれます。

それに当然ながら、私たちは個人的なレベルでも貪欲を制御するように努力することができるし、そうすべきです。私たちはあの老犬のように貪りを野放しにして、苦しむこともできます。それとは逆に、生活に「四つの聖なる真理」を当てはめて、暮らしの中のさまざまな誘惑をしっかり見極め、「八つの聖なる道」に見られるような適切な方法を選ぶこともできます。ですから今回冒頭でご紹介した仏典の一節のように、仏陀は「四つの聖なる真理」を強調したのです。

悟りを求める者は四つの聖なる真理を知らなければならない。それらを知ることがなければ、人はいつまでも迷いの道をさまよい続ける。これら四つの聖なる真理を知る人を、「悟りの目を得た者」と呼ぶ。

苦しむかどうかは私たち一人ひとり、自分次第です。こうした考えは「苦しむかどうかは選択の問題だ」という最近とても人気の出てきた一節にも表れています。実は私がこの言葉に出会ったのは一〇年以上も前のことで、なんと公園の公衆トイレの壁の落書きの中で見つけました。そこには「困難は避けがたい、だが苦しむかどうかは選択の問題だ」と書いてありました。

第9回　十二縁起の教え――四つの聖なる真理（2）

「四つの聖なる真理の道を歩むことは、手に灯りを掲げて暗い部屋に入るようなものである。闇は消え去り、部屋は光で満たされるだろう。」

（*The Teaching of Buddha* 76ページ）

四つの聖なる真理から学びとれること

四つの聖なる真理から学びとれるとても重要なことに注目したいと思います。それは、貪り、憎しみ、無知を取り除くことを学べば、自分にとってもほかの人たちにとっても苦しみを減らすことができる、ということです。これはとても前向きなメッセージですね。現代社会に暮らす俗人である私たちは、貪り、憎しみ、無知を仏陀のように完全には取り除けませんが、それでもなお、四つの聖なる真理を実践すれば、私たちの暮らしは大きく変わるはずです。その違いは、日常生活でそれらの真理を実践していけば自然と見えてくるでしょう。

これに関連していますが、私たちは四つの聖なる真理のねらいを誤解してはなりません。第一の真理が苦しみについてだからと言って、それが一番重要であるとか、四つの聖なる真理が人生は苦しみに満ちていると断定している、という意味ではないのです。もしそうだとすれば実に悲観的なことになってしまい、この教えは何世紀にもわたって無数の人々を鼓舞してはこなかったでしょうし、仏像の安らかで穏やかな微笑に象徴されるような、真の幸せを多くの人がつかむことはできなかったでしょう。

依って起こるという鎖の十二の連なり（十二縁起《じゅうにえんぎ》）

今回はまず初めに、ある重要な教えをご紹介します。それは（一）苦しみの生起と、（二）苦しみの排除とのプロセスを説明するものです。仏陀はこれを「依って起こるという鎖の十二の連なり」（十二縁起、pratītya-samutpāda）と呼ばれる重要な教えの中で説き明かしました。これは（一）（二）のプロセスを詳しく描き出すものですが、そのプロセスはとても心理的な性質のものです。このプロセスは十二の連なりからできています。どれも専門的な性質のものですから、簡単な説明ですぐに理解することはできません。しかし少なくとも何となく全体像をつかんでいただけるように、ここに列挙しておきましょう。

十二の連なりとは、（1）無知（無明《むみょう》）、（2）意志的作用（行《ぎょう》）、（3）意識（識《しき》）、（4）心と体

（名色《みょうしき》）、（5）六つの感覚（六処《ろくしょ》）、（6）感覚を得る接触（触《そく》）、（7）感受（受《じゅ》）、（8）渇愛（愛《あい》）、（9）執着（取《しゅ》）、（10）生成（有《う》）、（11）誕生（生《しょう》）、（12）老いと死（老死《ろうし》）、嘆き、悲しみ、心の痛み、悲哀、絶望など。

これら十二の連なりは、四つの聖なる真理の第二と第一の真理の関係を詳しく説いたものと言えるでしょう。覚えていると思いますが、貪り、憎しみ、そして無知こそが苦しみを引き起こす原因でしたね。ここでは無知が第一に挙げられていて、貪りと憎しみは「意志的作用」の二つの側面として第二の連なりに含まれています。これらから残りの連なりが生起し、最後に十二番目の連なりである苦しみが来ます。つまり「依って起こるという鎖の十二の連なり」（十二縁起）は苦しみがどのように生じるかを説明しているのです。

さて、この教えは四つの聖なる真理の第四と第三の真理の関係の説明にもなっています。思い出してみてください、第四の真理は貪り、憎しみ、そして無知を取り除くための道、あるいは一群の実践方法でしたね。それが完成すれば第三の真理に至ります。つまり悟り——ニルヴァーナ——にほかなりません。ですからドミノ倒しのように、無知を取り除けばやがて苦しみが取り除かれるわけです。

ここでは、それぞれの連なりはそれ自身で独立して生起することはできず、ほかのものに依存しているという点を覚えておくことが大切です。ですからどれも因果律に従っていて、互いに関連し合っています。どれも条件づけられていて、相対的で、相互依存的なのです。ですから苦しみも絶対的なものではなく、相対的なもので、したがって苦しみは私たちの実践と努力とによって――仮に完全に取り除くことは無理だとしても――少なくとも減らすことはできるのです。

妻を亡くしたトムの苦悩

以前、私は地元のケーブルテレビ局からの依頼で、番組で仏教について話す機会がありました。番組の後、司会者のトムが、三〇年連れ添った妻を数年前に亡くしたのだと話してくれました。見たところトムは六〇代半ばで、仏教徒ではありませんでした。私は番組で無常という真理（あらゆるものは変化するということ）について話しましたので、なおさらトムは妻を亡くしたショックについて私に打ち明けたくなったのでしょう。妻の死はトムを打ちのめし、一年以上も仕事ができなかったほどで、精神的にも情緒的にも苦しみました。

トムにとって妻の死はまったく予想外でした。しかし、当然ながら死について考えたことぐらいあったでしょう、とトムに聞いてみると、彼が答えて言うには、もちろん私たちは誰でもいずれ死ぬことはわかっていたが、自分や愛する人が突然そんなことになるとは考えたこともなかった、と言うのです。死は遠い未来のことで、ほとんど心をよぎったこともなかった、と。彼はこう言いました、「とにかく楽しいことばかりで、私たちは人生を満喫していたものですから」。トムが彼のライフスタイルや人生観を語るのを聞いていると、ふと仏陀の生涯を思い出しました

――シッダールタ王子がスピリチュアルな探究の旅に出る前に、宮殿で贅沢と歓楽の日々を過ごしていた時のことです。

続いてトムは、無常の教えを知っていたらな、と言いました。私もそうだったらよかったのに、と思いました。話しているうちにトムと私は、妻を取り戻すことはできないとしても、無常や死のことをもっとよく認識していれば、あれほどひどく苦しむことはなかっただろう、という意見で一致しました。もちろん、愛する人を亡くすことはとても悲しいことで、悲しくなるのは自然なことですし、悲しんでもいいのです。でも、トムのように心身共に衰弱してしまうほどの極度の苦しみは避けられたはずです。

私は無神経であったり過度に冷静であったりすることを勧めるつもりはありません。しかしこうした状態を「依って起こるという鎖の十二の連なり」の教えから見ることはできると思います。トムは十二番目の連なりを体験し、激しい悲しみと絶望を感じました。そしてその激しい苦しみの原因は究極的には彼の「無知」、第一の連なりにあったのです。無常という真理に無知であったために、妻の死は心理的な連鎖反応を引き起こしました（第2「意志的作用」から第6「感覚を得る接触」までの連なり）。そうして彼は深く、しつこい不快感に襲われ（第7「感受」）、続いて以前のように妻を取り戻したいという渇愛と願望を抱きました（第8「渇愛」）。さらに執着して（第9「執着」）、妻が生き返って元の夫婦生活を取り戻したいと願いました。この執着は当然ながら、もう妻はいないという現実とぶつかりましたから、トムは悲しみ、嘆きそして絶望に満ちた激しい苦しみを感じることになったのです（第10「生成」から第12「老いと死」までの連なり）。

しかし、もしトムが無常の真理について知っていて、それに則って心を鍛えていたならば、より大いなる智慧が無知に取って替わっていたでしょうし、そして残りの心理的、情緒的な連鎖反応はあれほど強烈には起こらなかったでしょう。最終的に、長く働けなく、普通の暮らしができないというほどの極度の悲しみ、悲哀、そして絶望を体験せずにすんだでしょう。

世俗の暮らしを営んでいる一般人である私たちは、愛する人の死に対し、もちろん寂しさや悲しみを感じるでしょう。しかし無知に替わって智慧と理解を得ることができれば、トムが味わったような、人生の真のあり方に対する無知に根差した体験を避けることはできるのです。

智慧は「私たちが見たいようにものごとを見る」のではなく、「ものごとをありのままに見る」ことを可能にしてくれます。智慧によって私たちはよりうまく喪失感に対処できるようになりますが、それだけでなく、これから詳しくお話ししていくように、より大きな喜び、感謝、そして思いやりを持って現在の暮らしをより充実して生きるように、智慧は私たちを喚起してくれるのです。

ぶつかり合った母と娘

もう一つ例を見てみましょう。今度は親とティーンエージャーの子供が衝突してしまったケースです。身に覚えのある方も多いのではないでしょうか。

母親がバイオリンの練習をめぐって一〇代の娘とまたまた激しく言い合ってしまった時のことです。母親は、約束どおり充分に練習していないと言って、娘に対してご不満です。でも娘はそんなことはないと言います。どちらも機嫌を損ねています。母親は自分もバイオリニストで、子供たちにとっても快適な人生を送るのにプラスになるはずだという思いから、上手になってほしいと常に期待をかけてきました。娘はこれまでは母の望みどおりにしてきましたが、今や反抗期に突入し、こうして抵抗しているのです。

トムの場合、妻の死に違った形で対応できていればよかったのに、と思ったのでした。この母親にも同じように勧めることもできるでしょう。彼女の場合、衝突と苦悩を避けるために、娘にバイオリンのレッスンをやめさせてしまうのです。これが通常の対処法でしょう。

しかし私は、仏教には選択肢があると思っています。特に私たちのように、僧院の清らかな環境に暮らしているわけではない、世俗の者にとってはそうです。選択肢とは、（一）娘にまったくバイオリンをやめさせてしまうか、（二）練習を続けさせるか、です。第一の選択をすれば、衝突の原因がなくなりますから苦しみも取り除かれるでしょう。しかし娘は将来的に役に立つかもしれない貴重な才能を身につけ損なうことになります。

この母親の場合、後者の選択肢を選びました。バイオリンは娘のためになると確信していたからです。これからも続くに決まっているどんな口論や衝突よりも、娘にとっての利点が大きいと感じたのです。目的と認識を伴う「苦しみ」は、その苦しみを避けるためだけに何か大切なものをあきらめるよりもいい、と母親は決心したのです。

ここで、母親はもう一つとても重要なことに気づきました。それはこうです――娘にバイオリンを習わせることにこだわるのは、どれほどよかれと思ってのことであっても、やはり貪りに変わりないということ、そしてそれは彼女自身の、つまり母親の貪欲だということです。ですから今度また娘とぶつかった時には、もう母親は「どうして私がこんな思いをしなきゃならないのよ！」などとうろたえて嘆くことはありません。彼女は独善と思い込みとではなく、謙虚かつ明快な気持ちで対処するでしょう。

この母親は私たちにも貴重な教訓を与えてくれます。「私たちは人に何かをしてあげる時、その人たちのためにしてあげているのだと勘違いしてはならない、究極的には私たちは自分のためにしているのだから」ということです。こう考えれば、人が私たちの「犠牲」に感謝してくれないからといって無用な苦悩を抱かずにすみますし、私たちの努力をいっそう効果的なものにしてくれるでしょう。

実は、バイオリンを続けさせることに決めた時、あの母親は実際的な軌道修正や妥協もしました。娘と一緒にもっと融通の利く練習スケジュールを組みました。それに母親はどうしてバイオリンを続けてほしいか、理由を全部娘に伝えました。こうした努力のおかげで、娘は母親にとって意欲的なパートナーになったのでした。

人生のその他の側面について教訓にできること

家庭、職場、学校、地域など、どこでも何か重要なことを成し遂げようとする時に、あの母親と同じ方法を採ることができます。職場や学校でもっとうまくコミュニケーションを取れるようにするといったことから、ゴミの回収方法を工夫して環境問題に役立てるといったことに至るまで、幅広い場合がありうるでしょう。こうした課題に取り組む時、あの母親が「依って起こるという鎖の十二の連なり」（十二縁起）と「四つの聖なる真理」（四聖諦）とを適用したやり方は、私たちにひらめき（インスピレーション）を与え、導きの灯りとなるかもしれません。それは今回の冒頭の聖典の言葉のとおりです。

四つの聖なる真理の道を歩むことは、手に灯りを掲げて暗い部屋に入るようなものである。闇は消え去り、部屋は光で満たされるだろう。

第4章「存在の第一の印」の教え（一切皆苦）

第10回　苦しみの本質——一切皆苦（1）

「世の人は困難に出会わずにはいられず、そのため人は苦しむものである。しかし仏陀の教えを受けた者は、避けがたい困難を避けがたいものとわかっているから、苦しむことはない。」

（*Mutually Sustaining Life* 94ページ）

「存在の四つの印」——「四つの聖なる真理」との関係

今回からは「存在の四つの印」（四法印《しほういん》）について探っていきます。これら四つの「印」は、「四つの聖なる真理」（四聖諦《ししょうたい》）の重要な要素となっています。「四つの聖なる真理」は、これまで第3章でお話ししてきたとおり、仏教の核心的な教えを理解するための全体的な枠組みとなるものでしたね。

では「存在の四つの印」は「四つの聖なる真理」とどのような関係になるのでしょうか？　実は、「存在の四つの印」は「四つの聖なる真理」、または、その四番目の真理を具体的に教える「八項目から成る聖なる道」（八正道《はっしょうどう》）の一側面となっているのです。

四つの聖なる真理（四聖諦）
第一の真理――苦しみ
第二の真理――苦しみの原因
第三の真理――苦しみの消滅
第四の真理――道の教え（八項目から成る聖なる道（八正道））……存在の四つの印（四法印）

さて、「八項目から成る聖なる道」の八つの項目のうち、私は「存在の四つの印」は「正しい見解」（正見《しょうけん》）の中に含まれると考えるとよいと思っています（一般的には「正しい見解」は主に「四つの聖なる真理」を理解することとされるのですが）。

八項目から成る聖なる道
正しい見解（正見《しょうけん》）　→　存在の四つの印
正しい思考（正思《しょうし》）

正しい言葉（正語《しょうご》）
正しい行い（正業《しょうごう》）
正しい生活（正命《しょうみょう》）
正しい努力（正精進《しょうしょうじん》）
正しい精神集中（正念《しょうねん》）
正しい瞑想（正定《しょうじょう》）

仏教の教えの目的は、真理を求める人が真理に目覚める手助けをすることですが、真理に目覚めるためには、人はみずから体験するものごとを正しいまたは正確な方法で見ることが必要です。つまり「正しい見解」（正見）です。そして「存在の四つの印」は、具体的にどう見ればよいかを示してくれるものです。

「存在の四つの印」（四法印）

「存在の四つの印」とは何でしょうか？　四つそれぞれの伝統的な説明を挙げてから、親しみやすい日常的な言葉で表していきましょう（わかりやすくするために、一般的な順序とは異なる順番で見ていきます）。

最初に、諸々の形成された現象は苦しみである。（一切皆苦《いっさいかいく》）
　つまり「人生の旅路はデコボコ道だ」
二番目は、諸々の形成された現象に本質的な実体はない。（諸法無我《しょほうむが》）
　つまり「人生は持ちつ持たれつだ」
第三に、諸々の形成された現象は無常である。（諸行無常《しょぎょうむじょう》）
　つまり「人生は無常だ」
第四は、涅槃は安らかで穏やかである。（涅槃寂静《ねはんじゃくじょう》）
　つまり「人生はすばらしいものにできる」

第一の印――一切皆苦

今回は第一に挙げた印（一切皆苦）を取り上げましょう。

まずみなさんにお聞きします――「人生をどう感じますか？　あなたの人生は幸せですか？　それとも苦しみですか？　それともその二つの組み合わせだと感じますか？」。おおかたの人は人生には幸せと苦しみのどちらもある、と答えるはずです。だからよく私は「人生の旅路はデコボコ道だ」という言い方をします。だってそう思いませんか？　ある時は順風満帆で、人生は「最高だ！」と気分が高揚します。そうかと思うと別の時には、とにかく何もかもがうまく進んでくれません。誰にだって良い時もあれば悪い時もあります。人生の旅路はまさにデコボコ道です！

ところが私たち人間の習性として、この旅路の良い時、つまりスムーズに進めるところを強調して、悪い時、つまり道路のデコボコした部分は無視しがちです。そして私たちをとりまく文化的、経済的な環境もこうした傾向を助長します。

となると、仏教からのメッセージは、そうした傾向に流されずにうまくバランスを取ってデコボコした部分に対処しなさい、ということになります。なぜなら、そうすることでしか本当のスピリチュアルな平安と自由を手にすることはできないからです。だからこそ仏教は苦しみの問題を最優先しているわけです。

さて「苦しみ」（suffering）ですが、これは原語の適切な翻訳ではないと感じる人もいるようです。サンスクリット語ではドゥフカ（duḥkha）です。しかしドゥフカという語は一つの英単語に翻訳するには、あまりにもいろいろな意味合いを持っています。そのため、たとえば「痛み」（pain）、「不幸せ」（unhappiness）、「不満感」（unsatisfactoriness）の方がふさわしいと考える人などもいます。しかし、いずれにしろ、どれを取っても一つの単語や語句ではドゥフカをきちんと表すことはできません。それでも私は「苦しみ」（suffering）を使うことにします、何はともあれ、やはり一番いい訳だと思うからです。

『葉っぱのフレディ』

それでは「存在の第一の印」（一切皆苦）について、かつてベストセラーになった本、『葉っぱのフレディ』を取り上げて説明してみたいと思います。

レオ・バスカーリアの絵本『葉っぱのフレディ』は読んだり聞いたりしたことがある人が多いのではないでしょうか？　フレディという名の葉っぱのお話で、フレディは人生の浮き沈みを体験します。春、フレディは公園の一本の木に伸びる一本の枝に「生まれ」ます。そして夏になると、公園に遊びに来る人たちのために、仲間の葉っぱたちと一緒にせっせと木陰を作ってあげます。フレディはそういった暮らしに大いに満足しています——いい友達に囲まれ、ほかの人たちに喜びをもたらすという意義深い仕事に励んでいるのです。

そこへふいに秋が寒さと霜をもたらして、フレディはやがて自分の意志に反して木を離れなければならないことを知ります。初めフレディは必死に抵抗しますが、次第に自分の苦境を受け容れるようになっていきます。なぜならフレディは、あらゆるものは変化して死ななければならないこと、そしてみな、より大いなる「いのち」（Life）の一部であり、その「いのち」は永続することに気づいたからです。こうして内面の平安を見出したフレディは、潔く木を離れます……大いなる「いのち」の流れに加わるために。

この本が大きな人気を博したのは、死、老い、変化などをめぐる恐れや不安に対し、とてもシンプルで親しみやすい対処の仕方を語っているからだと、私は思います。人や社会が取り組むのを嫌がるようなテーマについて堂々と語っていますから、ある意味でこの本はタブーを打ち破ったと言えるでしょう――私が見るところ、それは仏教がこの二五〇〇年間やり続けてきたことに似ています。

苦しみをもたらす基礎的な一群の条件

人が嫌がる話題と言えば、仏陀も「存在の第一の印」つまり「諸々の形成された現象は苦しみである」（一切皆苦）、または「人生の旅路はデコボコ道だ」とはどういうことか、具体的に説きました。そこには次のような要素があります――①誕生、②老い、③病、④死、⑤嫌いなものと出会うこと（怨憎会苦《おんぞうえく》）、⑥好きなものと別れること（愛別離苦《あいべつりく》）、⑦欲しいものを得られないこと（求不得苦《ぐふとくく》）、⑧私たち一人ひとりの体験を構成する物質的・心理的な五つの要素（色・受・想・行・識）への執着（五蘊盛苦《ごうんじょうく》）。第一の「誕生」には後で触れるとしましょう。そして老い、病、死についてはすでに触れてきましたね。死について、フレディは友人のダニエルにこう不安を訴えました――「ぼくは死ぬのが怖い。あの下の世界に何があるかわからないから」。この点、フレディの気持ちがわかるという人が多いはずです。

「嫌いなものと出会うこと」から来る苦しみ（怨憎会苦）とは、たとえば、やりにくい人とつき合うような場合です。やたらと厳しい上司とか、つき合いにくい同僚とかと仕事をさせられた経験は誰だってありますよね？　フレディにとっては、すべての葉っぱが散らなければならない、という自分の望まない状況と出会ったわけです。

一方、「好きなものと別れること」から来る苦しみ（愛別離苦）とは、たとえば、親の新しい仕事の関係で、すばらしい界隈や学校を離れなければならないような場合です。フレディは木の上でたくさんの葉っぱの友人たちと一緒にいて、公園に遊びにやって来る老いや若きに喜びと安らぎを与えるために共に努力することにすっかり満足していました。しかし秋の到来とともに、フレディは友人たち、仕事、それに住まいから引き離されてしまうことになるのです。

次に、「欲しいものを得られないこと」から来る苦しみ（求不得苦）は、自分の努力が実を結ばないといった、より幅広い苦しみの種類を指します。たとえば、誰かをとても好きになった経験はありませんか？　その時、その人から好かれようとあらゆる手を尽くした、でもどうやってみても彼または彼女は振り向いてくれなかった……。フレディの場合、木に残っていたくて仕方がなくて、力の限り闘いましたが、最終的には、欲していることを実現することはできませんでした。

さて、それでは「誕生」に目を向けて、赤ちゃんが生まれるのは祝うべきことなのに、なぜ仏陀がこれを苦しみの例として挙げたのかを考えてみましょう。限られた紙数の中では、誤解を招く可能性もありますし、答えるのは容易ではありませんが。

簡単に言うと、インドの一般的、伝統的な宗教的な見方では、スピリチュアルな目覚めが得られない限り、人は生と死のサイクル（サムサーラ）の中に繰り返し、繰り返し生まれると考えられています。これが通常、「転生《てんしょう》」または「輪廻《りんね》」として知られているものです。仏教徒たちもこうした一般的な考えを抱いていました。ですから人間として生まれてくることは、希少で貴重なことだとは考えられていたものの、やはりいまだに転生のサイクルの中をさまよっていることを意味し、それは仏教徒にとっての至高の目的である悟りを得ることに失敗したことの証拠なのです。だからこそ、誕生は苦しみの例の中に含まれているのです。

たとえ話をすれば、観覧車に乗るのは楽しいですが、一日、一か月、一年、それどころか永遠にぐるぐる回り続けるとしたら恐ろしいですよね！　ですから永久に終わらないサイクルの中に生まれるのは苦しみであるわけです。

いずれにしても、なぜ「誕生」が苦しみの一例に挙げられているのかを理解するには、私が今ご説明したようなインドの宗教的な世界観に対する認識を深める必要があります。

苦しみと向き合い、悟りを志すこと

苦しみについてあれこれとお話ししてきましたが、これで終わりではありません。なぜなら「存在の第一の印」が説くように「人生の旅路はデコボコ道だ」ということを認めるのは、仏陀の例でも『葉っぱのフレディ』の例でも見てきたように、解決策への初めの一歩だからです。この「存在の第一の印」を認めれば、苦しみに至るさまざまな困難は避けがたく、それらから逃げることはできないという事実に私たちは気づくのです。それは今回の聖典の一節が的確に言い当てています。

世の人は困難に出会わずにはいられず、そのため人は苦しむものである。しかし仏陀の教えを受けた者は、避けがたい困難を避けがたいものとわかっているから、苦しむことはない。

もちろん、こうした教えを聞くだけで自分の苦しみが消えてなくなるわけではありませんが、私たちの苦しみを軽減できるようになる道へと、私たちの背中を押してくれることは確かです。

第11回　苦しみを生きる糧に変える――一切皆苦（2）

「仏教では、苦しみとは、人が束縛され、自由を失っている状態のことを指す。したがって、人の現状がどれほど困難なものであっても、その人の人生が制約されておらず、日々の生活が自由であれば、それは苦しみではない。」

（*The Teaching of Buddha* 78ページ）

今回は「存在の第一の印」（一切皆苦）というテーマをさらに探っていきたいと思います。つまり「諸々の形成された現象は苦しみである」ということですが、私なりに「人生の旅路はデコボコ道だ」と表現してきました。

これまでの回ではさまざまな種類の苦しみについて見てきましたし、それらに正面から向き合うことが必要だということを強調してきました。

苦しみを生きる糧に変える

今回も引き続き、苦しみに対するこのような前向きな接し方について見ていきましょう。その際、一つ重要な点を改めて指摘したいと思います。それは仏陀が彼のダルマ（仏法）――つまり教え――に従うことによって、老い、病、死、好きなものと別れること（愛別離苦《あいべつりく》）、あるいは嫌いなものと出会うこと（怨憎会苦《おんぞうえく》）などを防げるなどとは約束しなかったことです。

苦しみに至るこうした諸々の条件は、人生の一部にすぎないのです。人生ではとにかくそういうことが起きるものなのです。そうした体験は避けられません。しかし、私たちがそれらにどう対応するかは、自分で制御することができます。苦しみと感じることもできるし、苦しまずにすますこともできます。これはもう私たちにはおなじみのあの一節、「困難は避けがたい、だが苦しむかどうかは選択の問題だ」というのと同じことです。

このため仏陀は奇跡を行いませんでした――たとえば死者を蘇らせたり、病気を治したりはしなかったのです。ですから、仏陀は非力だった、スピリチュアルなパワーに欠けていたと言う人もいるかもしれません。しかし私としては、それだからこそ仏陀はいっそう現実的で信じることができると感じるのです。

「一水四見《いっすいしけん》」の譬え

ダルマ、つまり仏陀の教えは私たちが困難にどう対応するかを決める手助けだ――そう考えれば、私たちは誰でも自分たちの苦しみの体験を、より深く生きるための糧に変えることができる、つまり「真のあり方」により近い形で人生を生きる可能性を持っている、と言えます。

こうした潜在的な可能性は、仏教では「一水四見」として知られる譬えでも語られています。今、目の前に水があるとしましょう。この水はスピリチュアルな発展の四つの異なるレベルに応じてそれぞれ違って見えます。最も発展段階の低い餓鬼《がき》はこの水を膿《うみ》や粘液、つまり当然ながら望ましくないものと見るでしょう。魚ならばこの水を棲家《すみか》、つまり住むところと見るでしょう。人間にとってはこの水は飲み物で、肉体的な必要を満たしてくれるものです。

そして、最も高いスピリチュアルなレベルの天人からは、この水はきらきらとした宝石で満たされた池のように見えるのです！　天人たちは菩薩たちや仏たちのように完全な悟りは得ていませんが、右の四つの中では最もスピリチュアルなレベルが高く、人間よりも高いのです。ですから天人らにとっては、水は一面の宝石のように見えて、餓鬼たちが膿や粘液と見るのとは大違いです！

現実の世界でも、私たちの知人の間にもそのような違いがありませんか？　常に否定的な見方をして、何でもかんでも延々と文句ばかり言っている餓鬼のような人もいるでしょう。その一方で、天人たちのように、人生の困難に正しい見方で向き合い、人生をより深く豊かに生きるための糧に変えることができる人もいます。ですから私たちも、人生の困難に天人のような視点で接することに挑戦してみようではありませんか。

私にインスピレーションを与えてくれた二人の人物の事例をご紹介しましょう。その人たちの人生は「きらきらとした宝石の池の水」に満ち溢れています。

『モリー先生との火曜日』

困難に対処して、深く、洞察を持って生きた人の最初の例はモリー・シュワルツです。とてもインスピレーションを与えてくれる人で、一九九七年に出版された『モリー先生との火曜日』(*Tuesdays with Morrie*) というベストセラーの主人公です。この本の内容は主に、大学教授であるモリー・シュワルツと、そのかつての教え子でこの本の著者でもあるミッチ・アルボムとの対話です。ある日、モリー・シュワルツはＡＬＳ、別名ルー・ゲーリッグ病（筋萎縮性側索硬化症）にかかっていて余命一年足らずであることを知ります。

ミッチは新聞のスポーツ・コラムニストとして成功して多忙な日々を送っていました。かつて一五年ほど前に卒業した時には、教授と連絡を取り続けると約束しましたが、それを果たしていませんでした。そんなある日、偶然にもミッチは全米で放送されたテレビ番組にモリーが出ているのを目にします。不治の病に直面しながらもモリーが示した勇気ある行いや言葉が注目されていたのです。ミッチにとっては、大学時代に感動とインスピレーションを与えてくれた唯一無二の恩師です。その教授の状態を知り、ミッチは会わずにはいられないと感じました。

それ以来、二人は定期的に会うことにしました。毎週火曜日に会うごとに、モリーは家族、友人、そして死など、多くのテーマについての考えを語って聞かせます。このようなミッチとの議論の中で、モリーは——ちなみに仏教徒ではありませんが——いくつか仏教的な考え方を紹介しています。

私たちの話題に関連するのは、あらゆるものは無常であるからものごとに執着しない、という彼の理解です。モリーは続けて、執着しないということは、恐れや心の痛みがあるからといって、ものごとに無関心になったり避けたりすることではない、と説明します。そうではなく、みずから恐れにどっぷりと浸かってみる、つまり恐れを徹底的に体験することを勧めます。そうすることによって、私たちは自分の病や死をよりよく受け容れることができ、そのためものごとをより大きな視点でよりよく見ることができるようになり、恐れと心の痛みを取り除くことができるようになるのです。そして恐れや心の痛みを放棄することで心に余裕ができ、そのおかげで、私たちは病や死に対していっそうオープンで、忍耐強く、ユーモアさえ持って、効果的に対処できるようになるのだと、モリーは指摘します。

こうした姿勢は人生のほかの困難にも適用できるのだと、モリーは強調します、たとえば孤独感や、愛する人に本当の気持ちを表すことができないといったことです。彼は私たちに「蛇口を開けて、感情でみずからを洗い流しなさい」と勧めます。

伝統的な仏教の立場からすれば、この表現はちょっと型破りかもしれません。しかし私が見る限り、困難をより深く豊かな人生を生きるための糧に変えるという、「存在の第一の印」の精神をモリーは体現しています。そしてモリーはミッチに次のように言って、このことを見事に伝えているのです――「これまで言ってきたとおりです。どう死ぬべきかがわかれば、どう生きるべきかがわかるのです」。

苦しみを乗り越えたクリスティーン

クリスティーンもまた、苦しみとの出遭いに向き合った人です。彼女はカリフォルニア州ユニオンシティにある南アラメダ郡仏教会のメンバーで、私はその住職として三年間、思い出深いすばらしい月日を過ごしました。彼女に会った時、実に活発で明るい人だという印象を受けました。一〇代後半で自動車事故に遭い、少なくともすでに一〇年以上も車いす生活を強いられていました。仏教の教えがいかに困難を生き抜く力になってくれたかを、クリスティーンはみずから語ってくれました。そして彼女は本当に信じがたいほどつらい日々を生き抜いていたのです。

私はある日、クリスティーンがひどい床ずれに苦しんでいて、丸一年は寝たきりになると聞きました！　彼女がベッドに寝たきりになるのを強いられるとは――しかも三六五日も！――どんな気分だろうかと、私には想像すらできませんでした。

私はすぐにお見舞いに行き、彼女のためにふさわしい慰めの言葉もたっぷり用意していました。部屋に入るなり、彼女の陽気な態度に驚かされました。それから半時間ほどあれこれとおしゃべりをして、彼女の病状やどうやって病床での一年間を過ごすのかも話題にしました。そして、さようならと言ってお暇しようとした時、クリスティーンは私に明るくこう言ったのです――「ケネス先生、私のことは心配しないでください。私は本当に大丈夫ですから。私には目がありますから、本も読めるし、テレビも見られるし、窓の外の野原や木々を眺めることもできます。私には耳もありますから、ラジオで大好きな音楽や番組を聴くことができます。それに私には頭もありますから、いろいろなことを考えたり想像したりできます。だから私のことは心配しないでください」。

私は立場が逆さまになってしまっているのに気づきました。なぜなら私がクリスティーンのもとを辞した時、会いに行った時よりもインスピレーションを受け、元気づけられていたからです。彼女は私にとても重要なことを教えてくれたのです。

クリスティーンさん、あなたは私にとってのブッダであり、あなたの言葉は今も私にインスピレーションを与えてくれている――私は彼女にそう呼びかけたいと思います。

心と精神の自由

モリーとクリスティーンという、インスピレーションを与えてくれるお二人のことをご紹介しました。お二人とも、直面していた困難な状況にもかかわらず、心理的にもスピリチュアルな面でも自由でのびのびとしていました。どちらも、困難が必ずしも自動的に苦しみになるばかりではない、ということのきらめくような好例で、今回の冒頭の聖典からの言葉が示すとおりです。

仏教では、苦しみとは、人が束縛され、自由を失っている状態のことを指す。したがって、人の現状がどれほど困難なものであっても、その人の人生が制約されておらず、日々の生活が自由であれば、それは苦しみではない。

私たちも日々の暮らしの中で心理的にもスピリチュアルな面でも自由であるよう心がけ、「存在の第一の印」（一切皆苦）のメッセージを考えてみようではありませんか。そして「人生の旅路はデコボコ道だ」ということを受け容れたいものです。そのうえで、私たちは人生の浮き沈みにきちんと向き合って、人生をより深く豊かに生きるための、いっそう大いなる智慧と、自分と他者への思いやりを持って生きるための糧に変えていかなければならないのです。

第5章「存在の第二の印」の教え（諸法無我）

第12回　宇宙と私——諸法無我（1）

「多くの結び目がつながって網ができているように、この世のすべてのものも多くの結び目でつながり合っている。網の一つの結び目がそれだけで独立した一つの存在だと考えるとすれば、それは誤りである。」

（*The Teaching of Buddha* 82ページ）

存在の第二の印

この章では、いよいよ「存在の第二の印」（諸法無我）についてお話ししましょう。それは、「すべての形成された現象に本質的な実体はない」ということです。言い換えれば、

「人生は持ちつ持たれつだ」

ということです。

ここでまず、この訳は一般的な訳し方とは少し異なっていることをお断りしておきます。普通は、あらゆるものは「非自己」(non-self) または「無我」(non-ego または no soul) である、とされます。しかし「非自己」「無我」は誤解を招くだけでなく、本書のような小著で充分に説明するのは困難です。このため、私はもっとわかりやすそうな表現を選びました。もう一度言いますと、「すべての形成された現象に本質的な実体はない」、「人生は持ちつ持たれつだ」です。「すべての形成された現象」とは、感覚や思考を通じて私たちが体験するすべての対象を指します。「本質的な実体」とは、ほかの何ものにも依存せずに、まったくただそれ自体として生じるものや、それ自体として単独で存在するものを指します。しかし、仏陀はそのような実体はないという真実に目覚めました。なぜなら、あらゆるものは何かほかのものに依存して生じるからです。たとえば、すべての生物は両親から、あるいは少なくとも何か先行する生命体から生まれます。そしてほかのものを頼りにして初めて、それらは存在していけるのです。

インドラ神の宝石の網

このことは「インドラ神の宝石の網」(因陀羅網《いんだらもう》、帝釈網《たいしゃくもう》、帝網《たいもう》) という有名な喩えで説明されています。この喩えは、あらゆる方向へ宇宙いっぱいに無限に広がる網について語ります。一つひとつの結び目には宝石があります。そのすべての宝石が合わさって、燦然と輝く宝石を敷き詰めた銀河のごとき光の広がりを創り出しています。それぞれの宝石が無類の光を放っています。しかしどの宝石もそれ自体で輝くことはできません。なぜならほかの多くの宝石が放つ光を受けて初めて輝くことができるからです。したがって、それらの宝石は互いに支え合っているのです。

私たちの呼吸、太陽、そして宇宙

さて、それではごく身近な例でお話ししましょう。息を止めてみてください。数秒間そのままにして。もう少し長く止めて……さあ、呼吸してください。もしもっとずっと長く息を止めていたら、誰でも肉体的な苦痛を感じ始めていたことでしょう。空気に頼らずにいられるのがいかに短い時間だけか、わかりますね。私たちは頭ではわかっていますが、自分たちの存在全体でしっかり気づいてはいないのです。

みなさんにお聞きします、「この二四時間で呼吸を何回しましたか?」。吸って、吐いてを一回として数えてみましょう。計ってみると、おおかたの人は一分間に約三〇回、吸って、吐いてという動作をしています。つまり一時間に一八〇〇回、一日に合計四万三二〇〇回になります。けっこうな回数だと思いませんか? ですから、ある意味で、私たちは一日に四万三二〇〇回、空気に「依存」しているのです。

さて、逆に、空気自体、私たちを含めたほかのものに依存しています。多くの方がご存じでしょうが、私たちが吸っている空気の中の酸素は、植物の中で起きる光合成という過程によって生み出されています。そしてその植物は水、日光、二酸化炭素を必要とし、その二酸化炭素の一部は私たち人間が吐き出したものです。ですから酸素の生成自体、部分的には私たちに依存しているのです。ここにもまた、互いに支え合う関係があります。

このように、互いに支え合っているという私たちの存在の性質を考える時、私はいつも太陽とのつながりのことを思い出します。太陽なくしては、明らかに私たちは存在できません。数々の欠かせない恩恵を与えてくれるだけでなく、太陽は私たちの一回一回の呼吸の中にも含まれています。なぜなら太陽は酸素の生成に必要だからです。私たちは肺で呼吸をしますが、その呼吸の源はおよそ九三〇〇万マイル（約一億五〇〇〇万キロメートル）の彼方にあります。そしてその太陽は太陽系という、より大きなものの一部であり、それはまた天の川銀河（銀河系）の一部であり、それはさらにこの広大な宇宙の一部である――こういう見方をすれば、私たちの一回一回の呼吸に宇宙全体が関与しているとも言えるのです！

空《くう》

私たちの呼吸の例からもわかるように、あらゆるものは相互に関連し、相互につながっていて、相互に依存し合っています。あらゆるものは、多くの要素が一つに合わさった結果として発生します。何ものも、自分だけで現れ、自分だけで存続することはできません。この真実は大乗仏教では、「すべての形成された現象は、それ自体の性質（自性《じしょう》）において空《くう》である」、またはその性質は「空性《くうしょう》――シューニヤター（śūnyatā）である」とも表現されます。これはまた、「無（nothingness）」とも訳されてきました。したがってしばしば仏教の指導者たちは――特に西洋では――「空性」または「無」の教えと深い関わりを持っています。

このことから私は、最近目にしたダライ・ラマに関するユーモラスなバースデイ・カードのことを思い出しました。今日は彼の誕生日です。ダライ・ラマを弟子たちが取り囲んでいて、彼らは今しがた手渡したばかりのプレゼントのことでご満悦の様子です。プレゼントが入った袋を見下ろしているダライ・ラマもご機嫌のようです。しかし明らかに袋の中にはプレゼントは何も入っていません。それなのにダライ・ラマは大きな声でこう言っています――「おお、この贈り物はまさに私にうってつけ――空（nothing）ですね！」。これは、仏教の僧侶として「無（空《くう》）」を探し求めていた」ということと「中身のない贈り物がほしかった＝何もほしいものなんてない」ということをかけた言葉遊びです。

実は、このお祝いのカードのお話は、「存在の第二の印」（諸法無我）の意義を正確には伝えていません。なぜなら「空性」とは、ものごとが存在しないことを意味するのではなく、ほかのあらゆるものから完全に独立した存在はない、ということだからです。

そしてこの真実は、悲観的でも、世界を否定するものでも、虚無的でもありません。これは、むしろ、私たち人間は私たちをとりまく自然界と社会的な世界と密接につながっていることを認めるものなのです。

ウェス・ニスカーの著書『仏性《ぶっしょう》』(*Buddha Nature*)

こうした見方は、仏教に関する近年で最も刺激的な本、ウェス・ニスカーの『仏性』の中でも紹介されています。これはテーラワーダ仏教に基づくインサイト・メディテーションという流派の指導者による本で、物理学や生物学の分野の研究成果を効果的に利用して、相互につながり合っているという仏教の主張を補強しています。特に、私たちの身体と、物質的世界やほかの生物とのつながりという点からです。ニスカーは、仏教の統一的な分類法である四つの根本的な要素（四大《しだい》）――地、熱、水、そして空気（地水火風）――を通じて、私たちがいかに物質的な世界とつながっているかを示しています。

地の要素（地大《ちだい》）には堅固さ、硬さ、質量という特徴があります。地の要素の一つに重力があります。どこにでも遍く存在していますが、当たり前のものと思われているため、ほとんど気づきません。座ったり、寝転んだり、歩いたりする時に私たちを地面に押さえつけていてくれるのはこの重力です。

熱の要素（火大《かだい》）は光合成と燃焼とに一番よく表れています。光合成では、植物が日光、二酸化炭素、そして水を組み合わせて、私たちの食料や酸素を生み出してくれます。一方、ニスカーが言う「燃焼」とは、植物や動物が日光を熱エネルギーに変換し、生きるのに必要な燃料とする過程の説明です。

水の要素（水大《すいだい》）は明らかでしょう。なぜなら私たちの身体の七五パーセントは水からできているからです。生命は海で生まれましたが、海の化学的組成は私たちの血管や肉体を流れる血液や汗のそれに似ています。

空気の要素（風大《ふうだい》）の性質は私たちの呼吸に最も顕著に表れています。一回一回の呼吸で、私たちは生きるのに不可欠な酸素分子を吸い込み、それから二酸化炭素分子を吐き出します。

ほかの生物と私たちの関係

人類の進化の過程で、爬虫類からほかの哺乳類、そして原始的な人間に似た生きものまで、私たちは先行する生命体の特徴を身につけてきました――このことは、最近の生物学の研究成果によってますます明確になってきました。ですから、胎児が子宮内で成長する間に、すべての人間の身体はこの進化の全行程をなぞっていきます。まさにこの身体に進化の歴史が表れているのです。

同じようなパターンは私たちの脳の構造にも見られます。私たちの脳は三つの主な部分からできています――爬虫類の脳、哺乳類の脳、そして霊長類の脳です。母親の子宮内にいる時に、これら三つの部分が順番に発達します――最初に爬虫類の脳が、続いて哺乳類の脳が、そして最後に霊長類の脳が発達するのです。

爬虫類の脳の部分は、基本的には爬虫類に見られる脳と同じです。呼吸、体温、痛みの感知、空腹感、性欲などの機能や、刺激と反応という神経系の基本的なプログラムを制御する部分です。私たちの快、不快の感覚はおおむねこの部分で決まります。

哺乳類の脳は、この用語からも窺えるように、ほかの哺乳類と共通です。たとえば、私たちが現在では感情、忠誠心、愛着と呼んでいるような、爬虫類には見られない経験を可能にしてくれます。

第三の脳の発達は「学び、記憶する力と、媒介性と個体性の感覚を拡張」したとニスカーは言います。つまり私たち人類こそ、「複雑な言語、長期的な計画性、抽象的な思考、そして個体性や、世界を制御できるというとても強い感覚」の発達によって、私たちの祖先たちから離れて大きな跳躍を遂げることができたのです。

ほかの生物と私たちの関係

このように自分たちを見ると、私たちは世界とあらゆる生きものとの間に深い親近感と一体感を感じずにはいられません。私のこの身体はまさに世界全体の副産物なのです。私たち一人ひとりの身体は広大な大海の一つひとつの波のようなものです。そしてさまざまな条件によってこの身体が機能停止して、私たちが「死」と呼ぶ状態になると、身体はもはや自律的な存在ではなくなります。しかし身体がなくなるわけではなく、波のようにただ形を変えて、私たちが常にその欠くことのできない一部であった大洋の、ほかの部分に戻っていくのです。逆に、人が自分を広大な大海の一部としてではなく、ただたんに波として見るとすれば、その人は恐怖と孤独を感じるに違いありません。これこそは今回の聖典の言葉が私たちに伝えようとしているメッセージです。

多くの結び目がつながって網ができているように、この世のすべてのものも多くの結び目でつながり合っている。網の一つの結び目がそれだけで独立した一つの存在だと考えるとすれば、それは誤りである。

第13回　社会的な側面――諸法無我（2）

かつてヒマラヤの山中に、身体は一つで頭が二つある鳥が住んでいた。ある時、一つの頭が甘い果実を食べていることにもう一方の頭が気づき、嫉妬に駆られた。「それなら私は毒を食ってやろう」と、この頭はつぶやいた。そこで毒を食らったが、すると鳥そのものが死んでしまった。

（*The Teaching of Buddha* 274頁）

引き続き「存在の第二の印」（諸法無我）についてお話ししましょう――「人生は持ちつ持たれつだ」ということです。ただし今回は、私たちの体験の中でも社会的な側面に注目していきます。

双頭の鳥

頭が二つで身体が一つの鳥についての今日の冒頭の言葉は、どのようなメッセージを伝えようとしているのでしょうか？

ヒマラヤの山中深くに、珍しい双頭の鳥が住んでいました。一つの頭は、もう一方の頭が甘い果物をたっぷり食べているのを目にしました。その頭はそのおいしい果物を少ししか食べていなかったか、まったく食べられなかったのでしょう、だからもう一方の頭に嫉妬しました。そして妬みから、その頭はもう一方の頭を傷つけたくなったのです。

これは一方の人が他方に対して妬みと憎しみを抱き、相手を傷つけようとしたという事例です。ところがどちらの頭も同じ身体を共有していますから、この行動は相手の頭だけでなく、行動を起こした方の頭にも死をもたらしたのです。双方が互いに依存し合い、互いにつながり合っているという関係の性質上、相手を傷つけようとすれば必ず結局は、自分を含む全体を傷つけてしまうのです。

同じ原理が私たちの社会や世界にも当てはまると私は確信しています。というのも、その構成員は互いに依存し合い、互いにつながっていて、互いに関連し合っているからです。ところが、私たちはしばしば集団を区別し、その一つに同調し、「我々」対「彼ら」という考え方に陥ります。そしてこう主張します——「彼らは彼らで、我らは我らだ。互いにほとんど、あるいはまったく、共通点などないのだ」と。

しかし、実際にはさまざまな集団にはたくさんの共通点があるだけでなく、根本的なレベルで互いにつながり合っているのです。大洋の海水面ではバラバラな氷山の一群に見えても、水面下ではどれもつながっていて、実は一つの巨大な氷の塊であるようなものです。

　ですから、一つが傷つけば全体も傷つくわけで、双頭の鳥もそうだったのです。しかし一方の頭は他方の頭を傷つけようとした時に、この真理に気づかなかったために、結局は自分を含む鳥全体を傷つけることになってしまったわけです。

双頭の鳥と同じ精神に根ざす紛争

　この寓話を私たちの世界に当てはめてみると、双頭の鳥の窮状と同じような憂慮すべき事例がたくさん見つかります――世界のあちこちの、何世紀にもわたって争っている部族の間や、容赦のない敵意をむき出しにしている隣国同士などの間で見られます。こうした紛争によって無数の命が、多くの場合は罪のない子供たちの命が、失われてきました。

　ある痛ましい事例として、数年前、ニュース番組で流れたある場面が私の心に特に強く残っています。銃撃戦に巻き込まれ、八歳ほどの少年が柵のようなものの後ろにくぎ付けにされています。お父さんも一緒にいます。少年は父親の背後にしゃがみ込み、力の限りしがみついています。彼の表情からその恐怖のほどが窺われ、銃撃の音も聞こえれば、二人の周囲を雨あられと飛び交う銃弾も見えます。私は思わず少年と父親を応援していました。心臓の鼓動が激しくなるのも感じます。

こういう場面がテレビで放送されていること自体、とても現実とは思えませんが、間違いなく現実なのです。続いて、カメラは唐突に少年と父親から逸れて、次に起こった恐ろしい場面は目にせずにすみました。やがて、二人とも撃たれてしまったことを記者が悲痛な調子で伝えます。私の心は寒々とした絶望へと沈んでいき、そして二人ともこの銃撃で殺害されたと記者が報じると、すぐに燃えるような怒りに変わりました。

私の怒りは、命を無意味に奪われた罪のない少年と父親の死に対するものです。和解の努力もせずに紛争を続ける双方の当事者たちに対する怒りです。彼らはあの双頭の鳥に似ています。

こうした紛争は長い歴史と地政学的な事情の絡みもあって、極めて複雑であることは私もわかっていますし、私の見方は単純すぎて理想主義的すぎるかもしれません。しかしながら、多様な国々や宗教の人々の力を結集させ、根本的にはそれぞれが互いに関連し合い、互いにつながっていて、互いに依存し合っているのだ、という見方に世界のより多くの人々に気づいてもらいたい――みなさんに双頭の鳥の寓話の教訓をお話しすることで、少しでも積極的な役割を果たすことができれば、というのが私の希望なのです。

地域社会の相互依存性

相互依存性の真理はグローバルなスケールでも大きな影響力を発揮できることは間違いありま

せんが、私たちの地域社会が実際にどのように機能しているかを説明することもできます——私たちはしばしば気づかずにいることが多いのですが、私たちが暮らす地域社会は、町であれ、市であれ、郡であれ、私たちが当然視しがちなさまざまなサービスを提供してくれています——公立学校、警察、消防、そして病院などです。特に、最後の三つは、自分が実際にそれらのサービスを必要としない限り私たちの関心事になることはありません。ここで私自身のまさにそういう体験をお話ししたいと思います。

私たち夫婦の娘のセリーナが一歳半だった時のこと、娘が突然、インフルエンザのようでいて、わずかに異なる症状を発症しました。ひどい高熱を出して、インフルエンザではほとんど見かけないような両手の腫れがありました。まもなく体中に発疹が現れ、顎の下のリンパ腺がゴルフボール大に腫れ上がりました。私たちは急いで娘を小児科に連れて行きました。先生は、確信は持てないものの、川崎病ではないかと疑いました。病因ははっきりわかっていませんが、この病気は血液が濃くどろどろになる症状を引き起こし、それが心臓の血管を破裂させて死に至ることがあります。

近所の小児病院に急送しながら、妻と私は自分たちの娘がそのような深刻な病気にかかっているかもしれないなんて、信じられない思いでした。私たちはそうではないことを祈りましたが、ひととおり検査をした後、主治医の診断が確定しました。私たちの心はどん底にまで落ち込みましたが、すぐに娘にきちんと適切な治療を受けさせることの方に気を取られました。

実は、治療が始まった後でも、血液の凝固によって娘は唇から出血し、夜通し泣き続けました。十分ごとに唇をきれいに拭ってやりましたが、それでも出血は続いて枕を真っ赤に染め、私たちはほぼ一時間に一度は枕カバーを換えてやらねばなりませんでした。痛ましい夜でした。

午前三時ごろ、娘はようやく眠りに落ちました。そこで私はコーヒーを一杯飲もうと病院のカフェテリアに行きました。カフェテリアに入るや否や、私は驚くべき光景に目を奪われました。そこには病院の職員、医師、看護師そのほか、白衣姿の人たちが四〇人ばかりいて、深夜勤務の休憩を取っていたのです。突然、私の目に涙がこみあげてきて、私は近くのテーブルに駆け寄って紙ナプキンの束を引っつかみ、涙を拭かなければなりませんでした。

我ながら意外な反応にびっくりしました。私の娘のような患者の世話をするために、これほど多くの人たちが夜通し働いているのだと気づいたこと、それが私の涙の理由でした。病院がこうして存在してくれているということに対し、私は計り知れない感謝の念に打たれたのです。病院なしには、私たちは無力です。しかし職員たちは、川崎病など種々の病気を診断する知識と経験、そして治療する能力を持っています。こういうことは当たり前でしょうが、私たち夫婦が病院のサービスを必要とするまで、私は病院の価値を真には理解していなかったのです。病院のカフェテリアの紙ナプキンで涙を拭いながら、私は自分たちの地域社会の中で、互いにつながっているのだということを身をもって感じたのでした。

セリーナは結局一週間入院するはめになり、そしてさらに一か月、家で療養しました。体重がもとの三分の二になるほど痩せて、一時的に歩かなくもなりましたが、幸いなことに、彼女は心臓に何の影響も残らずに全快し、今では普通に暮らしています。

地域社会で互いにつながっているということ

みなさんの中にも、似たような体験をされた方がきっと大勢いらっしゃることでしょう。私たちは病院やそのほかの公共機関を当たり前のものと思っていて、そのサービスがどうしても必要になった時に初めてその真の価値に気づきます。さらに加えて、カリフォルニア州政府は私たち家族に対し、莫大な医療費の大部分を負担できるよう寛大な経済的支援をしてくれました。ですから今でも、私は小児病院の前を通ると必ず自然とお辞儀をします。私はカリフォルニア州にも深い感謝の念を抱いているので、カリフォルニア州の旗に、そして特に州の動物としてその旗を飾る灰色熊に、愛着と親しみを感じずにはいられません。

これらの公共機関に対する私の気持ちから、今では私はその寛大さに恩返しをするために自分にできることをするようにしています。たとえば毎年恒例の募金活動に寄付をするといった形で。幸い、そこにはあの双頭の鳥のような精神は働いていません。その代わり、地域社会は互いにつながり合っていること、そして互いを無視し合ってはいられない、まして攻撃し合ってなどいられないのだという、変わらぬ思いがあるのです。

第14回　聖なる自己――諸法無我（3）

「青色は青い光を発し
黄色は黄色い光を発し
赤色は赤い光を発し
そして白色は白い光を発する。」

（*Mutually Sustaining Life* 66ページ）

聖なる自己

今回はまずジョークを一つご紹介します。
「仏教徒のリズム・アンド・ブルースのミュージシャンがいないのはなぜ？」。わかりましたか？　答えを言ってもいいですか？　それは、仏教徒には「魂（ソウル）」がないからです！　まあ、ちょっとおわかりにならなくても――多くの方がそうかと思いますが――すぐにご説明します。この答えは今日のテーマの核心に触れるものだからです。

具体的に言えば、「存在の第二の印」つまり「人生は持ちつ持たれつだ」ということを引き続き検討していくわけですが、私はこの印のある側面に注目したいと思います。それはあまり話題にされない側面です。そして私はその側面または特質のことを「聖なる自己」と呼ぼうと思います。

この「聖なる自己」については、たとえば『大般涅槃経《だいはつねはんぎょう》』では「大我《たいが》」として語られています。そしてこの「大我」こそ「目覚めた自己」あるいは目覚めた人から見た自分や他人のあり方にほかなりません。涅槃に達した人には、どの人も、生きものも、無生物も、それぞれ本質的に聖なるものなのです。どれも生まれながらの価値があり、それぞれにかけがえのない存在だから聖なるものなのです。

見落とされ、曲解されていること

「存在の第二の印」が話題にされる時、相互に依存し合っている面、相互につながり合っているという側面にふつうは誰でも注目するのですが、それはそれで当然でしょう。以前の回で、私たちの宇宙的、そして社会的なつながりを考えた時もそうでした（第12回、13回）。別の言い方をすると、全体と部分の間では、それぞれの部分よりも全体の方がはるかに注目されがちだということです。

こうした全体としての側面を強調するのはどうして問題があるのでしょうか？　それは、「存在の第二の印」のこうした宇宙的、社会的な側面を人間に当てはめて考えた場合、人間の聖なる特質を、さらには個々人の存在そのものまでをも否定していると曲解されかねないからです。おそらくこれは容易に起こりうることですね。なぜなら以前ご説明したように、この「存在の印」は「非自己」（non-self）あるいは「無我」（no soul）ということを意味しているからです。

こうした翻訳はまぎらわしいこともあります。「非自己」や「無我」の正しい教えが意味しているのは、自分自身の中には、不変で、ほかのあらゆるものから完全に独立して存在するものなど何もない、ということです。

仏教では、自己というものはいつだって五つの物質的・精神的要素（五蘊《ごうん》）から構成されていると見ます。それらは感覚器官（や身体）、感受作用、表象、意志、そして意識です。しかしこの説明の中には、これら五つの要素を超越する魂（ソウル）もなければ、変わることのない独立自存のいかなる存在もありません。だから仏教徒たちは「無我」（no soul）の人たちと呼ばれるのです。冒頭のジョークを思い出してもらうと、「ソウル」が掛け言葉として、言葉遊びになっていることが、これでよくわかってもらえたかと思います。

では今回の本題に戻って、「無我」（no soul）や「非自己」（non-self）などの用語がいかにして個々人の聖なる特質を薄めてしまうか、そして自己の存在そのものまで否定するほどの曲解を生むかを検討してみましょう。私もかつて仏教学校の学生だった頃、初めてこの「存在の印」について学び、それから長いこと混乱したままでした。「私は存在しない」「ケン・タナカなんてものは現実の存在ではない」と自分に言いながらうろついていたものです。この教えは私という存在自体を否定しているのだと私は思っていましたが、もちろん、私は呼吸をし、考え、生身の一人の人間として存在していて、カリフォルニアに自宅があって、社会保障番号もちゃんと持っていました！

やがて私は宗教的な真理（勝義諦《しょうぎたい》）と世俗的な真理（世俗諦《せぞくたい》）とを区別する必要があることに気づきました。「非自己」の教えは宗教的な真理のレベルでの話で、それに対して世俗的なレベルでは私自身はれっきとした現実の存在だったのです。

歴史的な影響

こうした混乱は自分の存在そのものだけでなく、その価値をも否定することにつながってきました。第二次世界大戦の戦前・戦中の日本がその好例です。あの軍部による圧政の時代、仏教の「非自己」の教えは誤って解釈され、国家とその軍事目的を利するように使われたのです。

おかげで個人の聖なる価値は軽んじられ、国家への奉仕のために個人の権利と自由を犠牲にする傾向が助長され、そこには自分の命という究極の犠牲も含まれていました。国家の方が個人の生命よりも重要だという信念のもとで、日本その他のどれほど多くの名もない兵隊や市民たちが、落とさなくてよい生命を落としたことでしょうか？

残念ながら、仏教徒のリーダーたちの中には、意識的にしろ、無意識的にしろ、このように仏教の真実を誤解することによって軍事国家を支えた人たちもいました。しかしながら、それ以来仏教徒の組織の多くが、みずからを顧みて、過去の過ちをあがなうための措置を講じてきました。

「インドラ神の宝石の網」のさらに広い解釈

「インドラ神の宝石の網」という喩えを思い出してみましょう。それは「存在の第二の印」の「宇宙的」な側面に関する回（第12回）ですでにご紹介しました。伝統的な解釈では、この喩えは聖なる自己や、個々の部分の聖なる側面をはっきり表しているわけではありません。しかしそう解釈してみると、次のように、聖なる自己の一面をビジュアルなイメージとして描き出せると思います。

輝く宝石は無数にあるにもかかわらず、どの宝石も、ほかのすべての宝石の中に映し出されています。どの宝石も例外ではありません。すべての宝石が数に入れられ、認められています。全体が機能するために、すべての宝石が価値あるものとされ、必要とされています。したがって、すべての宝石が本質的な価値を持っているのです。

また、どの一つの宝石または一群の宝石も、ほかより支配的であるとか、上等だと認められることもありません。いかなるヒエラルキーも存在しません。なぜならすべての宝石が対等の価値を持っているからです。

さらに、数えきれないほどの宝石がありながら、どれ一つとして同じものはありません。なぜならどの宝石も独自の形、大きさ、色、質感を持っているからです。一つひとつの宝石の輝きでさえも、色合い、光沢、明るさがそれぞれに異なります。どの宝石も唯一無二のものなのです。

社会に当てはめて考える

このような聖なる自己という見方を人間の世界に当てはめてみると、今日のアメリカの社会では特に、一人ひとりに価値があり、全体に対して貴重な貢献をしていることが明らかになるでしょう。

現実の暮らしの中では、自分は社会に対して何の影響力もなく、何をしても何も変わらないと、感じてしまうことがあります。特に地球温暖化のような、世界的な規模の問題ではそうです。しかし宝石の網の喩えが示しているように、個々人の努力と貢献には価値もあるし、現実的な影響力もあるのです。どれほどちっぽけなことに思えても、私たちの努力の効果は無駄にはなりません。こう考えると、自分という私たちの存在そのものと、日々の努力の両方に、意義と価値を感じることができます。

また、このような仏教の見方は、人種、宗教、経済状態などにかかわらず、一人ひとりの人間に本質的な価値を認めるものです。ただし、もちろん現実はそういきません。たとえばアメリカでも白人以外のさまざまな肌の色をした人たちは、いまだにしばしば「少数派（マイノリティ）」と呼ばれ、「多数派（マジョリティ）」を形成するヨーロッパ系の人々と区別されています。日系アメリカ人であり仏教徒である私自身、自分を「マイノリティ」として見てしまう感情的・心理的な「落とし穴」から——それは、ヨーロッパ系キリスト教徒のアメリカ人たちと完全には対等ではないという微妙な言外のメッセージ性を持っているわけですが——抜け出すのに努力を要しました。そしてほかの「マイノリティ」の人たちも、私のそのような経験に共鳴するところがあるに違いありません。

「インドラ神の宝石の網」の喩えに込められた前向きなメッセージ

私をこのような精神的なジレンマから救い出してくれたのは「インドラ神の宝石の網」の喩えでした。それは何が真実でリアルであるかというビジョンを描き出してくれますし、それによって私に対する社会の見方や偏見の影響を克服する助けになってくれました。

もちろんアメリカの偉大さは、民主主義や正義といった建国の理念に見られるように、チャンスはどこまでも広がり行くのだという精神に駆り立てられ、この国が理想的な社会へ向けて進化し続けていることです。こうした進化の過程を通じて、ますます多くのマイノリティはかつてないほどその能力や功績を尊重されるようになってきました。仏教徒の私からすれば、このような政治的・社会的な進展は「インドラ神の宝石の網」の喩えが表す宗教的なビジョンをさらに強固にしてくれるばかりです。

何よりも、一人ひとりの独自の特質が、仮にそれがマジョリティの一部でないとしても、肯定されるのです。今回の冒頭の言葉が表しているのもそうした精神です。それは浄土――つまり悟りの境地、涅槃《ねはん》の境地――の池にある蓮華の花の描写です。そこでは、一つひとつの花はそれ自身として真実のものと認められ、何かほかのものになれと強いられることはないのです――。

青色は青い光を発し
黄色は黄色い光を発し
赤色は赤い光を発し
そして白色は白い光を発する。

あのミスター・ロジャースの人気番組『ミスター・ロジャース・ネイバーフッド』の有名なせりふを思い出す人も多いのではないでしょうか？――「この広い世界で君は二人といない。君はありのままですばらしい」。ご存じでない方のために一言説明すると、『ミスター・ロジャース・

ネイバーフッド』は一九六〇年代後半から二〇〇〇年代までアメリカの公共放送ＰＢＳで放送されて人気を博した幼児番組で、このせりふはエンディングの曲に出てくる歌詞です。

　ひょっとして、ミスター・ロジャースは実は仏教徒だったのでしょうか？　もちろん冗談です。彼はキリスト教長老派の牧師さんでした。私が言いたいのは、多くの宗教が同じような結論に行きつくということです。たとえば一人ひとりが聖なる存在だ、ということなど。真の現実を体感すると、私たちは誰でも「魂（ソウル）」を獲得するのです――仏教徒でさえも！

第15回　「空」、そして「こだわらない」こと――諸法無我（4）

「人はおのずから不幸を恐れ、幸福を望むものである。しかしその区別を注意深く見つめてみれば、往々にして不幸が実は幸福であり、幸福が不幸だということがある。賢明なる人は人生の変転する状況に対し、偏らない心構えで臨むことを知り、成功に浮かれることもなく、失敗に落ち込むこともない。こうして人は、非二元性（不二《ふに》）という真理に気づくのである。」

（*The Teaching of Buddha* 122ページ）

互いに依存し合っていることの四つの側面

今回は「存在の第二の印」、つまり「人生は持ちつ持たれつだ」という教えのもう一つの次元を探究してみたいと思います。これまではこの「存在の第二の印」の三つの次元をお話ししてきましたが、それらを私は宇宙的、社会的、そして聖なるものと呼んでいます。

宇宙的な次元では、私たち一人ひとりは、互いに支え合い、つながり合った宇宙的な網の一部だということを学びました。二番目に、社会的な次元では、世界的なコミュニティあるいは地域社会の中で、相互に支え合う精神を醸成していくことに私たちが失敗するか成功するかによって、前者なら紛争に、後者なら協力に結びつくことを見ました。三番目に、聖なる次元では、相互依存とは個人を否定することではなく、むしろあらゆる生きもの（一切衆生）が生まれながらにして聖なる性質を持っている、と肯定することだと気づいたのでした。

これから探究する第四の次元を、私は「空《くう》」と表現したいと思います。改めて強調しなければなりませんが、「空」とはものが存在しないという意味ではなく、むしろ、実体的な存在性において「空っぽ」だということです。実体的な存在物というのは何であろうと、ほかの何ものにも依存することなく、自分自身だけで出現し、存在しているもののことです。

そうしますと、この「存在の第二の印」の教えを理解し、適応すると、私たちは必然的に「こだわらない」という人生に対する姿勢を育むことになるでしょう。「こだわらない」ことは無関心で、思いやりがなく、あるいは何ら自分の意見を持たないでいる、という意味ではありません。そうではなく、「こだわらない」とは、全体像を見失ってしまうほど強く自分の意見に固執したりしがみついたりしないこと、あるいは自分の見方が唯一正しいものだと信じ込んだりしない、という意味です。生まれたばかりの赤ちゃんを抱っこする時のように、そっと抱いてやる必要があり、押しつぶしてしまうほど強く赤ちゃんを抱きしめてはならないのです。

ナーガールジュナ（龍樹《りゅうじゅ》）

この「空」という概念はある著名な仏教思想家のおかげでよく知られるようになったもので、多くの、特に大乗仏教（マハーヤーナ）の仏教徒たち（今日ではおおかた中国、韓国、ベトナム、日本とチベットに見られます）が仏陀に次いで最も重要だと考えている人物です。その人の名はナーガールジュナ、西暦紀元二〇〇年頃に南インドに生きた人です。

のちには名声を得たものの、仏教徒になる前の若い頃、ナーガールジュナは時として問題を起こすこともありました。ある時、彼は三人の親友たちと王宮の後宮に忍び込み、女性たちを誘惑してやろうと思いました。彼らは自分たちの身体を透明にすることで、みずからの魔術の手腕も試したかったのです。

しかし不幸にも、彼らはその魔術の能力が惨めなほどに役に立たないものだとすぐに気づきました。守衛に見つかって、ナーガールジュナだけはなんとか脱出できましたが、ほかの三人は殺されてしまったのです。無傷で逃れることはできたものの、この体験は彼に深刻な衝撃を与えました。彼は利己的な欲望が苦しみの源であり、魔術的な芸当など無駄であると理解し始めました。こうした理解のおかげで、ナーガールジュナは仏道、すなわち仏教のさまざまな教えの実践に向かうことができたのです。

空（シューニヤター、śūnyatā）

ナーガールジュナの多くの著作の内、『中論』には次の有名な一節があります。

「相互に依存し合う現象は『空』と呼ばれる」（観四諦品第一八偈）

この一節の意味は「存在の第二の印」と実質的に同じで、「あらゆる現象は実体的な存在性を欠いている」ということです。ナーガールジュナは、私たちの体験が相対的な性質のものであることを指摘したのです。言い換えれば、私がさまざまなことを体験するその仕方は絶対的ではないのです。たとえば、時間が経てば同じ対象物でも違って体験されることがありますし、あるいは同じ対象物でも人が異なればそのとらえ方も異なることがあるでしょう。

この点を例証するのが古代インドの有名なお話、「盲目の男たちと象」（群盲象をなでる）です。ある時、六人の盲目の男たちが象とはどういう形なのか知りたいと思いました。それぞれの人はこの巨大な動物の異なる部分を触ってみました。象の身体の側面に触れた最初の男は、壁のようだと言いました。二番目の男は牙の先端をつかんで、槍のようだと言いました。三番目の男は鼻に触れてみて蛇のようだと証言しました。四番目の男は足に触って木の幹のようだと主張しました。五番目の男は耳に触れながら間違いなく扇のようだと言いました。そして最後の男は尻尾をひっつかみ、縄のようだと考えました。つまり同じ動物なのに六つの異なる認識と意見があるわけです。

私たちの体験とはこういう性質のものなのです。貪欲、憎しみ、そして無知という私たちの三つの毒（煩悩）のために、私たちはものごとをありのままに見ることができないのです。

こだわらないこと、そして開かれた心

私たちは空の真理をどのように生活の中に適用すべきでしょうか？　ナーガールジュナの答えは、「執着するのではなく、心を開け」でした。即断して好悪を決めてしまい、それに基づいて幸福だとか不幸だとか感じるようなことはしてはいけないと、戒めたのです。

もちろん、私たちは今日の近代社会の一員として、家族を養ったり仕事を続けたりする中でさまざまな判断をせざるをえませんし、それらは性質上、善かったり悪かったり、正しかったり間違っていたりするわけです。たとえば、私たちは子供のための保育所やその保育士さんたちについて判断を下す必要があります。それでもなお、ナーガールジュナのメッセージは、私たちに自分の認識や判断の性質を意識しておくよう呼びかけています。つまり私たちは全体像を体験できるわけではない、ちょうど象と盲目の男たちの場合と同じなのだ、と。

しかしながら、それは私たちが判断をしたり決断を下したりする時に、あいまいでなければならないとか、自信を持ってはいけない、という意味ではありません。ですから、前にも触れたとおり、私たちの態度や行為は、赤ちゃんをそっと、きつすぎないように抱きしめるようでなけれ

ばならないのです。

私たちは、自分の信念を唯一の可能性だとして、それに過度に執着してはなりません。そうではなく、私たちは常にほかのさまざまな可能性に対して心を開いているべきで、それは私のお気に入りのこんな言葉に近いものがあります――「心はパラシュートのようなものだ、なぜなら開いている時に一番うまく機能するから！」。

行方不明になった馬の物語（塞翁《さいおう》が馬《うま》）

ここで古代中国の物語を紹介させていただきます。それは道教で語り継がれてきたものです。出典は『淮南子《えなんじ》』という書物。ここではフィル・ニュアルによる英訳に基づいてご紹介します。

万里の長城の近くに、立派な馬を持つ老人が一人住んでいました。ある日、馬が蛮族の住む地域へ逃げて行ってしまいました。それを聞いた友人たちや親戚らはこぞって慰めに来てくれました。しかし、意外なことに老人はこんなことを言いました――「ひょっとすると、馬に逃げられたことが、わしに幸運をもたらすかもしれんじゃないか！」と。

数か月後、老人の馬が戻ってきましたが、蛮族の馬を一頭連れて帰って来たのです。また友人たちや親類らがやって来て、今回は祝福しました。しかし老人は、何かがうまく行っても、最終的にはまずい事態になることもあると答えました。

残念ながら、老人の言葉は的中しました。飼いならされていない馬に老人の息子が乗ろうとし、振り落とされて、足を骨折してしまったのです。またもや友人たちや親類らが慰めてやろうとやって来ました。老人はみなに言いました――「息子が足を折ったのは実に残念なことじゃが、最後には良い結果にならんとも限らんぞ」と。

一年後、蛮族が攻撃を仕掛けてきて、大挙して長城を突破しました。健康な青年たちはみな徴兵され、大多数の者が戦死してしまいました。一方、老人の息子は戦争に行くのを免れました。なぜなら足の怪我のおかげで徴兵されなかったからです。

この物語は、どのような幸運の中にも不幸が潜んでいるかもしれず、その反対もありうることを指摘しています。幸不幸は相対的なものであり、相互に依存し合っていて、そして常に変転している（無常）、という真実を述べているのです。

つらい別れ

たいていの人は、愛する人との別れを体験したことがあるに違いありません。別れるというのは、なんとも困難なもので、その関係が続いてほしいと思っている時はなおさらです。あなたがまだ心を寄せている相手が、もはやあなたに対してはそう感じていないような時、その事実を受け容れるのは難しいものですよね。そのような状況では、別れは大きな痛みをもたらし、どうして自分がこんなにつらい目に遭わなければならないのかと、不思議に思うでしょう。

まあ、それでも恋人との別れを体験したことがある人は、ほとんど誰もがそういった思いは間違っていたと気づいたはずです――なぜならきっと多くの人が、やがては前の人に劣らず自分にぴったりのお相手と出会うことができたでしょうから。そしてあとから振り返ってみれば、前の関係には多くの問題があって、どれほど努力しても乗り越えるのは無理だっただろうということが見えてきます。

ですからそういう場合は、別れることが私たちにとって最善のことだったのです。なぜなら私たちは自分の誤りや欠点に気づいただけでなく、現在のパートナーと出会えるよう、その別れは私たちを自由にしてくれたのですから。私たちの多くにとって、最も悔やまれるのは私たちが前のパートナーにあまりにも強く執着し、必要以上にひどく苦悩してしまったことです。

みなさんも多くの方がこれに共鳴できるに違いありません。そこに含意されていることは、今回の冒頭の言葉がうまくとらえています。


人はおのずから不幸を恐れ、幸福を望むものである。しかしその区別を注意深く見つめてみれば、往々にして不幸が実は幸福であり、幸福が不幸だということがある。賢明なる人は人生の変転する状況に対し、偏らない心構えで臨むことを知り、成功に浮かれることもなく、失敗に落ち込むこともない。こうして人は、非二元性（不二《ふに》）という真理に気づくのである。

さて、今回の内容からみなさんが学び、ご自身の生活に適用できる何か有意義なことを得ていただけたことを願っています。

第6章「存在の第三の印」の教え（諸行無常）

第16回　人生は無常であると真に理解すること――諸行無常（1）

「この人生は無常である。常に変わりゆく世界の中で、私たちは毎日、新しい人生を生きている。」

（*Mutually Sustaining Life* 56ページ）

存在の第三の印（四法印の一つ――諸行《しょぎょう》無常《むじょう》）

今日はまず、「すべての形成された現象は無常である」、あるいは言い換えれば「人生は無常だ」という「存在の第三の印」から見ていきたいと思います。つまり私たちの人生の中のあらゆるものは変化を免れないということです。

今日、現代社会に生きるごく普通の人間として、私たちは無常という真理から学べることをどのように生活の中で活かしていけるでしょうか？　私自身の見方としては三点あります。第一に、無常という真理を充分に理解すること。第二に、今この瞬間に集中して、今を精一杯生きること。そして第三に、私たちの暮らしの中で現れる変化に心を開いて受け容れることです。

このような教訓はどちらかといえば現代の社会に生きる在家の人々に向けられたものだ、という点を強調しておきたいと思います。それに対して出家の僧や尼僧には異なる優先事項があり、したがって、無常であるのだからものごとに執着しない、ということをより重視します。しかしながら、究極的な目標はどちらも同じで、その違いは程度の差にすぎません。

今日は三つの教訓のうちの最初のものに注目します。それは無常という真理を私たちが私たちの全存在で真に理解することを求めるものです。ものごとが変化することを私たちはたいてい頭ではわかっていますが、愛する人を亡くした時など、特に心に突き刺さるような変化の場合、それを受け容れることは極めて難しいものです。

キサーゴータミーと芥子の実

このことをわかりやすく説明するものに、「キサーゴータミーと芥子《からし》の実」というよく知られた寓話があります。

昔、キサーゴータミーという名の女性がいました。裕福な男性と結婚し、まもなく子供が生まれました。彼女の人生は順風満帆でした。ところが、ちょうど彼女の子供が歩き始めようかという年齢の頃、原因もわからないまま突然その子は亡くなってしまいました。キサーゴータミーはひどく打ちひしがれ、信じがたい思いに駆られ、亡くなった子供を我をも忘れて腕に抱き、だれ彼となく町で出会った人に助けを求め、「私の子を救ってください！」と訴えかけました。

釈尊の信者の一人がキサーゴータミーの窮状を哀れに思い、彼女にこう言いました、「あなたのお子さんの病はどんな医者でも治せないほど深刻です。その子を救える人は一人しかいません。それは釈尊です。ちょうどわが町を訪れておられて、町はずれのジェータ太子の園林（祇樹給孤《ぎじゅぎっこ》独園《どくおん》。そこにあった僧院が祇園精舎《ぎおんしょうじゃ》）に滞在しておられます」。

キサーゴータミーはすぐに園林へ行き、私の子供を救ってくださいと釈尊にお願いしました。じっくり耳を傾けてから、釈尊は彼女にこう言いました、「この子を救うには、芥子の実がいくつか必要です。ですから、町へ行って集めてきてください」。勇気百倍、キサーゴータミーはただちに出発しようとしましたが、そのとき釈尊はこうつけ加えました、「その芥子の実は今まで一度も死者を出したことのない家庭のものでなければなりませんよ」と。しかしキサーゴータミーは興奮のあまり釈尊の言葉に含まれた意味を充分に理解することができませんでした。

彼女は一軒目の家へ行き、芥子の実を求めましたが、その家はつい最近お年寄りの親族を亡くしたばかりでした。二番目の家でも、数年前に家族の一員を亡くしていて、三軒目の家庭も幼い子を亡くしていました。こうした挫折にもめげずに、キサーゴータミーは近隣の家を回って門を叩きつづけました。我が子を救えるかもしれないという希望に突き動かされていたのです。彼女はさらに多くの家を訪ねましたが、どの家も死者を出したことがあると言われるばかりでした。陽も傾きかけた夕暮れ時、キサーゴータミーはすっかり意気消沈し、失望していました。するとその絶望のさなか、釈尊が彼女に教えようとしていたことに気づき、突然のように心が吹っ切れたのです――つまり死は普遍的なものであり、愛する者を失う痛みから免れることができる家庭などない、と。その時キサーゴータミーは、愛する者を失うのは自分一人だけではないのだと理解したのでした。

こうして彼女は芥子の実を集めようとするのをやめ、その代わりに子供にきちんとした葬式を出してやり、そして釈尊に会いにジェータ太子の園林を再び訪れました。釈尊は訊きました、「例の芥子の実を集めることができましたか？」。キサーゴータミーはみずから気づいたことと、子供の死を受け容れたことを釈尊に打ち明けました。そして尼僧の教団に入って釈尊の弟子にしてくれるよう求めたのです。

この物語の最も重要なポイントは、私たちの多くは無常という真理を頭ではわかっているが、私たちの全存在でしっかり理解するよう、いっそう努力するべきだ、ということです。ちょうどキサーゴータミーが物語の最後にできたようにです。

無常と変化

無常という真理をよく理解するために、私たちの周りの至る所で変化が起きているということを見てみましょう。はっきり目に見える変化もあれば、そうでもないものもあります。

宇宙的なレベルでは、一定不変のものは一つもありません。なぜなら宇宙物理学者たちによれば、宇宙は天文学的な速度で膨張を続けているからです。私たちはその動きを具体的に感じたり気づいたりはしません。それは、私たちの周りのすべてのものが――太陽、太陽系、そして私たちの銀河系も含めて――みな一緒に動いているからです。

私たちの地球でも、変化は留まることはありません。私たちが立っているこの地面自体も、とてもゆっくりとはいえ動いていて、いずれ北米大陸がアジア大陸と合体すると地質学者たちは言っています。

私たちの身体も常に変化しています。生理学者によれば、私たちの身体の細胞は三か月間で完全に新しいものに入れ替わるそうです。言い換えれば、今私たちの身体を作っている細胞は三か月前のものとは完全に異なっているのです。細胞は常に死んだり新たに生まれたりしているのです。

物理的な世界から社会的な世界へ目を移しても、変化が進行中であることに気づきます。言語は社会的な変化のバロメーターの最たるものの一つです。同じ一つの言葉が、変化を反映し、異なる意味を持ちます。たとえば五〇年前に「チップ」と言えば、それは切りくずの木片のことで、コンピューターのハードウェアの部品を意味してはいませんでした。「ハードウェア」も、当時は釘や金属製のゴミ箱やシャベルやそれらを売る金物店に関連する用語で、「ソフトウェア」なんて言葉はまだ存在すらしていませんでした。

道徳的な価値観にも変化は見てとれます。たとえば、結婚前の同棲は、かつては激しい論議の的でしたが、今日では多くの人にとってほぼ大きな問題ではなくなりました。

私たちの人間関係も変化を免れません。みなさんも一五年前の、あるいは五年前のでも、ご自分のアドレス帳を見てみればはっきりするでしょう。多くの人たちがもはやみなさんの暮らしの中にいないことに気づくはずです。その中にはけんか別れしてしまった人たちや、遠くへ引っ越してしまった人たち、すでにこの世を去ってしまった人たちがいるでしょう。そして私たちが歳を重ねるにつれ、この最後のグループの人たちが増えていきます。ほかの人々との人間関係の変化は、私たちにとって最大の喜びの源であると同時に、子供を亡くしたキサーゴータミーの悲嘆に見られたように、最も大きな心痛の源でもあると言えるでしょう。

無常は至る所にあります。宇宙的な領域から社会的な価値観、そして私たちの個人的な人間関係まで。これこそが「存在の第三の印」が意味することで、「すべての形成された現象は無常である」、つまり「人生は無常だ」ということなのです。

無常はあまりにも早く突然やって来るものでもある

さらに、年齢とともにこうした変化はどんどん早くなると思いませんか？　私は一二歳の頃を思い出します——早く一三歳になって「ティーンエージャー」になるのが待ち遠しくて仕方がありませんでした。ところが一年はあまりにも長く感じられ、時が過ぎるのを待ちきれない思いでした。それが今や、一年はあまりにも素早く過ぎてしまい、気持ちがとても追いついていきません。たとえば誕生日が近づいてくると、「もうそんな時期か！」とひとりごとを言ってしまいますよね。このように、無常という真理はものごとが常に変化しているということだけでなく、むしろ「ちょっと早く変わりすぎ！」という意味でもあるのです。

荒海の中の静かなる水面

これまでお話ししてきたように、私たちの暮らしの中のものごとは絶えず流転していますが、私たちはこの事実にどのように対処あるいは対応すべきでしょうか？　今回私が強調してきたのは、この真理を私たちの存在全体で理解することが大事だという点です。そのために、私たちはこの教えを内面化して習得できるよう、読書や日々の活動の中で常に自分に言い聞かせるようにしなければなりません。内面化すればするほど、私たちの中に、ある心理的な空間が形成され、そこに暮らしの中で体験する変化に効果的に対処するための力と落ち着きを私たちは見出すことができるのです。

チベット仏教のダライ・ラマはこの過程を大海の喩えを使って説明します。彼は大海の水面上の波瀾に満ちた世界について語ります。しかし、無常の真理に対する理解を深めれば、人はいつでも心の水面下へと赴き、落ち着きと平安の領域を体験することができるというのです。私たちの心の中にそうした空間を育む一つの方法は、今回の冒頭の一節に語られているように、私たちの存在全体で無常という真理を真に理解することなのです。

この人生は無常である。常に変わりゆく世界の中で、私たちは毎日、新しい人生を生きている。

第17回　今を生きる——諸行無常（2）

「過去にこだわってはならない、未来を夢想してはならない。それよりも今この瞬間に心を集中させなさい。」

（The Teaching of Buddha 378ページ）

今回は「存在の第三の印」、無常に関するお話を、今を生きるという点に着目して見てみましょう。

来世の人生よりもこの人生を

初めに、ある皇帝と和尚さんのユーモラスな会話をご紹介しましょう。

皇帝がカンドウ和尚に訊きました、「悟りを開いた人は死後どうなるのだ？」。

「知るわけありません」とカンドウ和尚は答えます。

「そなたは修行を積んだ高僧ではないか」と皇帝。
するとと和尚は答えました、「はい、陛下。でもあいにく死んでみたことはないものですから」。

和尚さんの答えからわかるとおり、仏教は主としてこの人生に目を向けています。もちろん、宗教ですから、仏教には死後の生についての教えがあり、西洋でもよく知られた『チベットの死者の書』などが好例です。さらに、中国からベトナム、韓国、そして日本に至るまで多くの信者たちのいる浄土教も死後には阿弥陀仏の極楽浄土へ往生できるとしています。ところがこうした教えの中でも、多くの部分はまさにこの人生でいかに振る舞い、考えるかということに関わっています。

今を生きる

この人生に目を向けると、私たちは次のような問いに直面します――「過去、現在、未来のどれが最も大切か？」。無常の教えは、ただこの人生というだけでなく、さらに今ここにいるこの瞬間、現在に目を向けることを勧めています。瞑想の実践方法なども、すべてマインドフルネスを、つまり現在のこの瞬間を生きる能力を強調しています。例としてもう一つ、誰の言葉かわかりませんが、いろいろなところで引用されるよく知られた文句を挙げてみたいと思います。みなさんも聞いたことがあるかもしれません。

昨日は歴史。明日は謎。しかしこの瞬間は恵みである。だからこそ現在は（英語で）『プレゼント』（present）と言うのだ。

私たちが過去を忘れることはできないというのも、もっともなことです。なぜなら過去のおかげで私たちの現在はあるのですから。そして私たちは明日を無視することもできません。なぜなら私たちはしばしば明日へ向けて計画をしたり、予測をしたりしなければならないのですから。しかし、気づいてみれば必要以上に過去に拘泥したり、明日のことを気にしすぎたりして、目の前にあるものを忘れている、ということがしばしばあります。

先ほどの一文が教えてくれるように、昨日は歴史で、明日は未知のままですが、現在はリアルなものです。実際のところ人生とは現在にほかなりません。そして考え方も心もオープンにして現在のこの瞬間を受け止めれば、森羅万象の多くを正しく見て、聞いて、嗅ぎ、味わい、感じることができ、それらを恵みとして受け取ることができるのです。

今を生きるための訓練

伝統的な仏教の修行は今を生きることを奨励しています。その最たる例が僧や尼僧が教え込まれる食事の仕方です。何年も前、私がタイで見習い僧として暮らしていた頃、どのように食事をしたか、その体験を紹介させていただきます。まず、僧尼は一日二食しか食べません、朝食と昼食です。

朝は近所で乞うて歩いて、つまり托鉢をして、もらった食べ物を食べます。まずお椀を自分の前に置きます。それから食べ物を注意深く見て、自分の動作をしっかりと意識しながら、手で取ります。私たちはその食べ物の質感を指で感じるように努め、それからその食べ物をゆっくりと口へ運びます。食べ物を口の中に入れたら、とてもゆっくり噛んでその食べ物を味わいます。朝食はだいたい三〇分ほどかかり、食べるという行為にもっぱら集中するのです。その結果、私は何を食べていたかを正確に覚えていましたし、身も心も満ち足りた気持ちになれました。

今を生きるための訓練は僧院生活のほかの側面にもわたっていて、いずれもマインドフルネスを持って行っていました。今でも教訓としてよく覚えているのは、私が濡れたタオルをいつものように手前側から向こうへと洗濯ひもにかけて干していた時のことです。すると私は和尚さんから、充分にマインドフルではない、と言って叱られてしまいました。そしてご自身のタオルの干し方を見せてくれたのですが、それは洗濯ひもの下にかがんで、向こう側からこちら側へと逆向きに洗濯物をひもに掛けて干すやり方でした。そこで私は、そんなにやりにくそうな、珍しいやり方をするのはなぜですか、と訊いてみました。和尚さんの説明によると、彼のやり方の方が、まさに物理的により難しく、厄介だからこそ、はるかによく私たちをマインドフルにしてくれるし、今を生きるようにしてくれるというのです。そしてやってみると私も和尚さん言うとおりだと気づきました。

リン・ユタン博士

無常という真理と、しっかりと現在に目を凝らすことは、どのような関係にあるでしょうか？実は、人は人生の無常な性質を真に理解するようになると、逆説的なことですが、『今』がいかに貴重か」を感じるようになり、一瞬一瞬をできる限り深く、しっかりと生きることを求めるようになるのです。

このことを具体的にご説明するために、現代のすばらしい仏教指導者、リン・ユタン（林鈺堂）博士についてお話ししましょう。彼は化学を研究するために台湾からアメリカへやって来て、やがてカリフォルニア大学バークリー校で化学の博士号を取得しました。それからまもなくして、ある仏教の師匠と出会い、とても強い感銘を受けます。その師匠とその教えにすっかり魅了され、仏教の研究と実践に集中するために化学の本をすべて手放してしまいました。当然ながら、化学の分野での将来有望なキャリアもなげうってしまいました。いかなる仏教の組織でいかなる職業的な地位に就くこともなく、林博士はそれ以来、関心のあるすべての人に向けた数々の著書や教えを通じて、自宅を拠点に仏教を広めることに人生を捧げてきたのです。

博士は毎日散歩を楽しんでいますが、特に近くの墓地を通るのが楽しみだそうです。どうして墓地を通ることを楽しみ、有意義だと思うのか、私は訊ねたことがあります。誰だってちょっと奇妙だなと思いますよね。すると彼は、墓地はものごとを大局的に見させてくれるのだと答えました。人生は常に変化して留まることなく、したがってひどく予測不能であって、私たちは先に何が待ち受けているか決して知ることはできません。だから、墓地を通る彼の散歩は、何が重要で何がそうでないかを思い出させてくれるのだそうです。以下は彼が作った詩で、もしかして墓地を通る散歩の後に書いたものかもしれませんが、彼のものの見方を見事に表しています。

突然私は気づく、人生は今この瞬間に終わるかもしれないと！
そう気づいてしまえば死はどこまでも身近で、瞬時に私は生の中で自由になる。
わざわざ他人を非難し、もめて、どうなるというのだ？
ただ心を浄くして生きることを楽しもう！

林博士にとって、無常という事実に真正面から向き合う時、具体的に「瞬時に生の中で自由」

だと感じられるのです。諸々の状況が常に移ろい、変わりゆきつつあるこの世界の中で、今に、そして真に大事なものに焦点を当てなければならない——そのことに気づくことによって林博士は自由を感じたわけです。

とらわれてしまわないように

私が思うに、現在に注目すると、何が重要で何がそうでないかをよりクリアに見ることができるようになります。大事なことは何か、些末なことは何かを見極めることができる。ものによっては大騒ぎするほどのことでもないのだと、気づくようになるのです。人生の些末なことにとらわれているわけにはいかないのはどのような時で、とらわれるべきでないのはどのような時か？林博士はそれに気づいたわけで、彼の詩の「わざわざ他人を非難し、もめて、どうなるというのだ？」という一行に表現されているとおりです。

それでもなお、私たちは多かれ少なかれ他人を非難したり、もめたりすることを免れません。時には失うものが大きな重大な問題で、自分の意見を堅持して立場を主張する必要もあります。でも多くの場合、問題はそれほどムキになる価値はないと思いませんか？　たとえば、かつて私が勤務していたオフィスでのことを思い出します。職場の同僚たちは新しいコピー機をどこへ設置するかで激論を始めました。しばらくするとエゴのぶつかり合いになってしまいました。振り返ってみると、そうとうばかばかしい話で、まったくエネルギーの無駄遣いでした！

それに、従業員として私たちはたえず上司を批判したり愚痴をこぼしたりしていないでしょうか？　今申し上げたそのオフィスでも、ある人たちは常に上司について、そして上司の後ろにいる経営陣について不平をこぼしていました。当然ながら、建設的な批判は必要ですが、くだんの同僚たちは変えようもないことや、会社のことで彼らが言うより実際ははるかにマシなものごとについて延々と文句を言っていたのです。実は、彼らの無意味な愚痴こそはその一団にとって共通の活力源なのだと、私は思い当たりました。それなしには、ほとんど話題がなかったのです。

無常と日々の向上心

こうした無用な言い合いや不平不満こそ、些末なことの最たるもので、林博士が陥るまいとしていることなのだと、私は思います。彼ならそういうことよりも、エネルギーをもっと建設的なものに向けるはずです。たとえば心を育むことなどですが、それは彼が詩の中で「ただ心を浄くして生きることを楽しもう！」と言っているとおりです。

今回の冒頭の一節が表しているのも、このような無常に対する自覚と、今この瞬間を、あえて口に出して言わずとも、ありがたさとインスピレーションを感じながら、しっかりと生きようという意欲のことなのです。

過去にこだわってはならない、未来を夢想してはならない。それよりも今この瞬間に心を集中させなさい。

第18回　変化を受け容れる――諸行無常（3）

「未来に不安を抱き、あるいは過去への悔いを抱きつづければ、刈り取られた葦のようなものであり、朽ち果ててしまう。」
（*The Teaching of Buddha* 378ページ）

心を開いて変化を受け容れること

今回は、「存在の第三の印」、つまり「すべての形成された現象は無常である」、あるいは端的に「人生は無常だ」ということを、引き続き検討してみたいと思います。

前にも申し上げたように、私たちはこの真実を頭では理解できますが、この考え方を暮らしの中でしっかりと実践することはなかなかできないものです。今日の冒頭の一節が述べているとおり、私たちはしばしば将来のことを気にやんだり、過ぎたことへの後悔の念にとらわれたりします。その一節をもう一度読み上げてみましょう。

未来に不安を抱き、あるいは過去への悔いを抱きつづければ、刈り取られた葦のようなものであり、朽ち果ててしまう。

言い換えれば、過ぎたことに過度にこだわったり、将来のことをよけいに心配したりしないよう、私たちに勧めているのです。なぜならそんなことをしていては、私たちは枯れた葦と変わらなくなってしまうからです。

今回は、私たちは心を開いて変化を受け容れる必要があることを強調したいと思いますし、それが「存在の第三の印」の三つの次元のうちの三番目です。以前の回（第16回と第17回）で検討したほかの二つの次元は、この真実を私たちの全存在でしっかりと理解すること、そして現在をしっかりと生きることでした。

心を閉ざすのではなく、開くべきことを私が強調するのは、その実践は往々にして私たちが思っている以上に難しいからです。これは、特に現状に満足している時など、慣れ親しんだものにしがみつくという私たち人間の性質にも原因の一端があります。

ある寓話――『チーズはどこへ消えた？』

このような特徴あるいは習性は、スペンサー・ジョンソン博士による著名な本『チーズはどこへ消えた？』の主人公たちが一番よく体現しているのではないでしょうか。きっと読んだことがある方も多いと思います。

本来は仏教の本ではありませんが、「人生は無常だ」という仏教の教えに関して私が指摘したい多くの重要な点を伝えるのに、極めて効果的な物語だと私は感じました。

ある時、ある遠い国に、滋味を得て幸福になるために迷路の中を走り回ってチーズを探している四人の小さな登場人物たちが暮らしていました。そのうち、「スニッフ」と「スカリー」はネズミで、ほかの二人はネズミのように小さいけれども外見も行動も現代人にそっくりな「ヘム」と「ホー」という小人でした。ある日彼らは迷路の中で、一本の通路の行き止まりにあるチーズ・ステーションCの近くに巨大なチーズを見つけました。

もちろん彼らはこの発見に大喜びです。毎朝、二匹のネズミのスニッフとスカリーはこのとてもおいしいチーズをかじりに、チーズ・ステーションCへ出かけていきました。そこへ着くと、二人は運動靴を脱いで、左右の靴を結び合わせて首へ掛け、必要な時にはすぐに履けるようにしておきました。

一方、ヘムとホーはステーションCに腰を据えてすっかりくつろいでいます。彼らは靴を脱いで、心地のいいスリッパに履き替えました。この巨大なチーズに安心し、頼もしく思い、そういう思いが高じてやがて近くに引っ越してしまったほどです。

ある日、チーズ・ステーションCへ着いてみると、チーズが完全に消えていました！　ヘムとホーは信じられず、ヘムは怒りと疑惑に駆られて「チーズを持っていったのはどこのどいつだ？」と大声をあげました。それに比べて、スニッフとスカリーは驚きませんでした。なぜなら彼らはチーズが小さくなりつつあることに気づいていましたし、チーズがなくなるという避けがたい事態を覚悟していたからです。彼らはただお互いに顔を見合わせ、準備よく首に掛けていた靴を取り外して履き、さっさと次なるチーズを探しに出かけて行ったのです。

ところが、ヘムとホーの二人はわめき散らしました。あれは自分たちのチーズだと感じていて、自分たちの権利が侵害されたと思っていたからです。「ずるいぞ！」と彼らは叫びました。二人は他人のせいにし始めました。なぜならチーズが消えた責任は誰かほかの連中にあると見たからです。そしてチーズが戻って来るまでチーズ・ステーションCで待つことにしました。ところが来る日も来る日も、二人の小人たちはがっかりするばかりでした。チーズは戻って来なかったからです。ヘムとホーはうんざりし、へとへとになりました。

まもなく、ホーは自分たちの対応について考え直しました。そしてスニッフとスカリーのように自分たちも新しいチーズを探し始めようではないかと提案しました。ところがヘムはネズミたちをばかにしました。本能的に反応しているだけだというのです。自分たちの方がネズミより賢いに決まっている、そしてチーズが戻って来るようにする方法を考えつけるはずだ、と。

しかし肉体的にますます衰え、どうすべきかも思いつけずにいた時、ホーは新しいチーズを探しにステーションCから踏み出しましたが、ヘムはあいかわらず変化に抗い、過去にしがみついていました。

ホーはただ何もしないでいるよりは、探索している方が気分もよく、解き放たれたように感じました。もちろん、不安がなかったわけではありません。チーズ・ステーションCの居心地のい い環境を離れるのは怖かった。でも同時に、新しいチーズを見つけられないことも怖かった。ところがまもなく彼は気づいたのです――二つの恐れを比べると、いつまでも怖がってただチーズが戻って来るのを待ち望んでいるよりも、この先どのような不確実なことが待ち受けていようとも、それらに対する恐れと不安を受け止めて前へ進む、その方がより、いっそう力が湧いてくるのを感じられるということに。

そして迷路を進んでいくうちに、その道はどこへ続いているのかという期待に、ますます力がみなぎってくるのを感じました。また、ものごとは想像していたほどひどくないことにも気づきました。ものごとはいつだって私たちが想像するほど悪くはないのです。事実、彼が想像していたことは実際の現実よりもずっとひどいものでした。ネガティブな考えを思いめぐらし、未知への恐怖に縛られ、あまりにも多くの時間を浪費してしまったことを彼は後悔しました。その代わり、彼はよりポジティブな態度で考えるようになり、新しいチーズを見つけて堪能する自分の姿を思い描くようになりました。

そして、ある角を曲がった時、彼はチーズ・ステーションNで、その窪んだ空間を埋め尽くす巨大なチーズを目の当たりにしたのです。見たこともないほど大きく豊富なチーズで、あの消えたチーズよりも間違いなくずっと大きい。一瞬、幻を見ているのかと思いましたが、そうではないことがわかりました。小さなお腹を丸々と太らせたスニッフとスカリーがそこにいて、ホーを新しいチーズのところへ手招きしているのが見えたからです！

この寓話のメッセージ

この寓話にはとても教えられることが多く、無常という真実について、そして人生における変化に私たちがどう対応すべきかについて、多くの重要なことに気づかせてくれます。

第一に、望ましくない変化はしばしば前触れもなく不意に起きるように思えますが、注意深く見てみると、多く場合に変化は予見可能だということがわかります。二匹のネズミは避けがたい変化を見越していました。彼らは迅速に対応する準備を常にしていました。それとはまったく対照的に、ヘムとホーは準備ができていませんでした。その結果、チーズが小さくなり始めてからでさえ、二人は現実を見ようとしなかったのです。

第二に、常に変わりゆく世界にあっては、私たちは子供がよくおもちゃを独り占めするように、ものごとを「自分のものだ」と主張することはできません。ヘムとホーが体験したように、ものごとを当然の権利だと思っていると、きっとがっかりさせられるに違いありません。なぜなら多くの場合、変化は私たちが制御しようもないような無数の条件や力の結果だからです。私たちが永遠に所有できるものなどないのです。

また、変化とともに進むことに私たちが抵抗を感じる理由は、将来への不安や失敗への恐れに根ざしていることが多いものです。しばしば、慣れ親しんだものに留まっている方がより安心感を得られるわけですが、そこにもまた、過去にしがみつくことによる焦りや気がかりが潜んでいます。だからどちらにしろ、人は恐れや不安を体験するのです。ホーが学んだように、二つの選択肢に直面した時、過去への不安にどっぷり浸かってしまっているよりも、未来への不安を引き受ける方が望ましいことが多いのです。

同時に、現実は私たちが想像していたよりもマシであることが多いものです。私たちは最悪の事態を想像するという根強い傾向を持っていて、そのため、変化に対するどのような前向きな対応にも抵抗しがちです。もちろん、変化に適応するためには乗り越えるべき壁がありますし、挑むべき難題もあります。でも状況は想像していたほど悲惨でないことが多いのです。

最後に、といっても大事でないわけではありませんが、今はものごとがうまくいっていないとしても、そうしたネガティブな状況はやがて過ぎ去っていくことを覚えておくことが肝要です。それが無常というものの性質だからです。時にはぎくしゃくすることもあるでしょうが、私たちの暮らしはいつなんどきも波乱に満ちて不確か、というわけではないのです。無常という真実は、ものごとがうまくいっていない時に私たちを楽観的にさせてくれます。なぜならそうした状況はいい方向へと変わるはずですし、実際に変わるからです。

ユーモアのセンスを忘れずに

あらゆるものは変化するため、伝統的に仏教の教えは執着しないことを勧めてきましたし、そしてもちろんそのことを心に留めておくことが大切です。この執着しないようにするための方法として、ユーモア精神を持つことがあげられます。現代に生きる在家の仏教徒として、私たちは自分たちに対して一種の気楽さ、快活さ、ユーモアのセンスを保つという形で、執着しないということをある程度は実践できるものです。

ホーは自分たち二人がいかに滑稽に見えるかに気づいた時、このことを理解しました。最後にようやく自分のことを笑い飛ばし、「さあ、迷路で迷いに行くぞ！」と叫ぶことができた時、彼は前より活き活きとしている自分を感じることができたのです。そして彼は新しいチーズの探索に出発しました。一方、ヘムは笑おうともせず、明るい面を見ようともせず、ずっと惨めなままでした。

万が一私たちも自分のチーズが消えた時、あの二匹のネズミのように対応したいものです。でもそうできなかったとしても、少なくともホーのようになりたいところです。そうしなければ、私たちもヘムのように惨めで臆病になってしまうでしょう。

ユーモアで味わう仏教の教え（2）

その2

(物語) 崖っぷちにしがみついてぶら下がっている男がいました。そこに仏様が現れます。男は仏様を仰ぎ見て、最後の力をふりしぼってこう言います――「ああ、仏様、お助けください。なにとぞお助けを」。すると仏様はこう言います――「よろしい……ならば手を離して、しがみつくのをやめなさい！」。

(解説) 仏様の言うとおり実際に手を離すとどうなったのでしょうか。男は崖から落ちてしまうのでしょうか？　実は、男は崖の上で地面に水平に腹ばいになっているだけでした。崖から垂直にぶら下がっていると男は思い込んでいましたが、それは男の錯覚、妄想だったのです。ですから手を離すと落ちてしまうというのもたんなる錯覚でした。だからこそ、仏様は男に手を離してしがみつくのをやめて、ありのままの状態を知りなさいと言ったのです。これは、なにもお話のこの男だけには限りません。私たちみんながそうなのです。私たちが苦しむのは、私たちが錯覚や妄想を抱いているからです。人生は無常なのに、ものごとにしがみついてしまうからです。そしてしがみつき、変化にあらがうことで、苦しんでいるわけです。人生とは変化であり、しがみつくのをやめれば、流れていくのです――人生は変化であること、そしてしがみつかないこと。それがこのお話の主旨です。

その3

(物語) なぜブッダはマクドナルドのハッピーセットを買ったのか？――人生は苦であると気づいたから。

(解説) これは簡単ですね。人生は苦しみだと知ったブッダが、ハッピーになれるかもしれないと思ってハッピーセットを買ったというアメリカン・ジョークです。

第7章「存在の第四の印」の教え（涅槃寂静）

第19回　涅槃は安らかで穏やかである――涅槃寂静（1）

「旅路を歩き終えた者、憂いから自由な者、あらゆるとらわれから自由な者に、苦悩はない。」

（*Buddha-Dharma* 433ページ）

存在の第四の印（四法印の第四――涅槃寂静《ねはんじゃくじょう》）

まず「存在の四つの印」の第四番目についてお話しするところから始めましょう、それは「涅槃は安らかで穏やかである」、言い換えれば「人生はすばらしいものにできる」ということです。おさらいすると、「存在の四つの印」の初めの三つは、日常的な言葉で言い換えれば、（1）人生の旅路はデコボコ道だ、（2）人生は持ちつ持たれつだ、（3）人生は無常だ、でした。

この第四の印――つまり「涅槃は安らかで穏やかである」または「人生はすばらしいものにで

きる」――は、悟りの領域について語っている点で最初の三つと異なっています。それは釈尊が三五歳で菩提樹《ぼだいじゅ》の下で悟りを実現した時に達した状態です。これが彼を「ブッダ」へと変えたのですが、ブッダは文字どおりには「目覚めた者」という意味です。そしてそれ以来ずっと、すべての仏教徒がみずからの大切な目標と見てきました。したがって、悟りこそは仏教という宗教の核心なのです。

ここではこの悟りは「涅槃は安らかで穏やかである」と表現されています。「ニルヴァーナ」（涅槃）は文字どおりには「吹き消された」という意味で、みずからの貪り、憎しみ、愚かさの火が消火された状態を指すとも言えます。そしてそのような状態は、確かに「安らかで穏やか」です。

悟りの四つの段階

仏教はいつの時代も悟りのさまざまな段階を認めてきたことを指摘すべきでしょう。そして釈尊が達成していたのがその究極的な段階だったとされます。

仏教の標準的な教義の一つによれば、悟りには四つの段階があります。それぞれの段階では、貪り、憎しみ、愚かさといったとらわれ、つまり煩悩が次第に消し去られていきます。

第一の段階で、人は三つのとらわれを消し去りますが、それは（1）自己は個別的で他とつながっていない存在であると見る誤った見解（自己の誤った見方）、（2）仏教の教えや実践にいったい効果はあるのか、というあらゆる疑い（教えに関する疑念）、（3）儀礼や倫理的な行動だけで悟りにたどり着くことができるという思い込み（儀礼だけで充分だという思い込み）です。

第二の段階では、貪りと憎しみというとらわれが弱まります。第三の段階ではこれらのとらわれが消し去られます。そして悟りの四番目、つまり最後の段階では、そのほかのすべてのとらわれが消し去られますが、その中には「自負心」（過度のプライド）が含まれます。自負心はとても厄介で、とらわれの中でもしぶとくて最も消し去り難いものです。

仏教の悟りを得るためにはどういうことが必要かを知って、「絶対無理、私にはそんなことはできない！」と、怖気づいてしまった方もいるかもしれませんね。しかし第一の段階は真剣で誠実な努力を惜しまなければ、多くの人にとって手が届くものです。さらに、仮に第一の段階に到達できなかったとしても、仏教の教えを実践し、理解しようという心からの努力を少しでもすれば、みなさんの暮らしに大きな前向きな変化をもたらすことができるでしょう。何世紀にもわたり、無数の普通の人々がそれを体験してきているのです。

ディーパ・マー

ニューヨークで発行されている情報満載の仏教系の季刊誌『トライシクル——仏教徒の論評

誌』（*Tricycle: A Buddhist Review*）に掲載されたジャック・エングラーの記事から、実際に悟りに達したある人物をみなさんにもご紹介しましょう。

悟りを開いたその人はディーパ・マー（一九一一―一九八九年）という名のインド人の女性で、インドのカルカッタに暮らし、説法していた人です。アメリカ人であるジャックは、彼の師匠となったディーパ・マーのことを次のように紹介しています――「ディーパ・マーには著名な師匠たちに見られるような外見的な派手さやシンボル的なものなどは一切なかった。カルカッタ旧市街の極貧の界隈で、小さな部屋に暮らす小さな女性にすぎず、彼女の友人や教え子たちの仲間内以外では無名で、仏教をインドの伝統的な手法で教え、誰でも立ち寄って仏法について語り合いたい人のために、毎日、日がな一日、家にいる」。

ディーパ・マーが印象的なのは、事実上、弟子を持つような師匠は伝統的に男性の出家僧ばかりだった中で、彼女が在家の女性であり、師匠であったことです。さらに、彼女は未亡人でしたが、未亡人と言えば普通は家庭に縛りつけられているような社会の中で暮らしていました。彼女は人生の中でとてつもない個人的な困難を乗り越えてきました。四一歳になった時、愛する夫が突然亡くなりました。彼女は子供の死産も二度体験し、命にかかわるいくつかの身体的な病にも侵されていて、医者たちからは余命はわずかだと言われていました。藁《わら》にもすがる思いで、彼女は仏教の修行を始めたのです。

こうした障害のすべてを乗り越え、ディーパ・マーの修行は大いに進展し、さきほど説明した悟りの高度な段階を達成したと考えられています。

活気はなくなってしまうのか？

ある時ジャックはディーパ・マーに、悟りの状態はなんとなく地味な感じで、味気ないように感じる、と言いました。なぜなら人がいったん欲望や怒り、それに情熱を排除してしまったら、オイシイところがなくなってしまうように思えたからです！　ジャックは聞きました、「気力も活力もなくなってしまうのではないですか？」と。

ディーパ・マーはとたんに大笑いしてこう答えました、「おや、あなたはわかっていませんね！　悟りを得る以前の人生こそ味気なくて退屈だったのですよ。いつも同じことの繰り返しで、新味はまったくなし。あなたも身に染みついた陳腐なあれやこれやをいったん捨て去ってしまえば、一瞬一瞬が新鮮で新しく、興味深くて生き生きとしてきますよ。するとあらゆるものが刺激と味わいに満ちてきます。それからはどの一瞬も決してほかの一瞬と同じではなくなるのです」。

そしてこの彼女の言葉は、悟りを開いた人の心が持つ性質に関してこれまで言われてきたことに照らしても、正しいとわかります。それは、喜び、寛容、慈悲、好奇心、誠実さ、静謐、落ち着き、覚醒、集中力、そして完璧さなどです。どう見てもここには気力も活力も欠けてなんかいませんね！

悟りから得られるもの

ディーパ・マーは、かつてはひどく将来について心配していました。たとえば、どのように暮らしていくか、自分にどのようなことが起きるのか、そしてどうやって娘のめんどうを見ていくか。彼女は夫が急逝したことにも多大な苦悩を感じていました。彼女は昼も夜も悲しみに「焼かれていた」のです。ところがそのような焼けるような悲しみは冷め、彼女から去っていきました。そして彼女は生あれば必ず死ありという真実を受け容れることができたのです。

欲望については、ディーパ・マーは感覚的な欲求と感覚的な欲望とを区別しました。感覚的な欲求とは、痛みのように、普通に人が体験するものの一部です。一方、感覚的な欲望は苦悩を生み出します。それは快楽に執着し、苦痛を避けようとすることだからです。ですから肝要なのは、こうした感覚的な欲求に対して極端に走ったり、固執したりしないよう、世俗の人々もみずからを訓練することです。そうしなければ、感覚的な欲求は感覚的な欲望に変わり、そして無用な苦悩へとつながるのです。

一例を挙げれば性行為があります。性行為は愛と献身に基づく人間関係の中では極めて充実した尊い行為となりえますが、不貞な行為のように、ディーパ・マーの言葉を使えば感覚的な欲求が感覚的な欲望へと変わると、信頼は損なわれ、二人の関係は取り返しがつかないことになってしまうこともあります。

人間関係について

人間関係について言えば、ディーパ・マーは人々を区別して分類したりはしませんでした。つまり「この人たちは私の友達、そしてこっちはそうじゃない」などと自分で決めつけなかったのです。そうした二元的な考え方には大いに執着が伴っていることを見抜き、そしてその代わりに、誰に対しても慈しみを感じたのです。

彼女はその後も、仏法や、自分たちの心やスピリチュアルな生活などについて語り合いたい人たちとの交流を楽しみ、そしてできそうな場合は手助けをしたいと思っていました。

しかし、彼女は月並みな、あるいは無駄なおしゃべりや、ただ会うためだけに人を訪問したりするといったことには興味がありませんでした。一人でいるときでさえも決して孤独には感じなかったのです。ディーパ・マーは自分の仏教の修行は、家族に対する責任をより強く確信させてくれたと感じました。彼女は母親として、より自信を持てるようになりました。たとえば、ミャンマーで瞑想を教えていた時、指導者としてこの国に残ってほしいと頼まれましたが、出身地のインドとのつながりを娘が失わないようにするために、インドに戻ることにしたのです。

人生全般について

ディーパ・マーの人生は彼女の修行のおかげで大きく変わりました。というのも、以前の彼女はあらゆるものに執着していたからです。やりたいことだらけだったのです。それが今や彼女はそうした執着に縛られておらず、自由だと感じるようになったのです。もはや何も自分のために欲しいとは思わなくなりました。彼女の言葉で言えば「私は生きている、ただそれだけ。それで充分だ」と。

彼女にとってはまた、この世には究極的に望ましいものや、固執すべきものは何もありませんでした。しかしこの世界のあらゆるものは、よい方向に活かすことができると感じました。なぜならすべての体験は個人の学び、成長、そしてほかの人々を助けるために利用できるからです。ディーパ・マーはもはや死は怖くないと言いました。死ぬことは自然なことで、人生にとって本質的なことだと彼女は理解していたのです。

こうなるとみなさんは「じゃあ、彼女は何のために生きていくのだ？」と聞きたくなるかもしれませんね。ディーパ・マーは次のように答えています——自分の執着やとらわれから完全に自由になりたいのだ、そのために自分を磨くための修行を続けるのだ、そして悟りをめざすどのような人とも、彼女は自分の智慧と慈しみを気軽に分かち合うつもりだ、と。

このすばらしい人物、そして仏教の師であるディーパ・マーが、今回の冒頭の一節を体現していることは間違いありません。

旅路を歩き終えた者、憂いから自由な者、あらゆるとらわれから自由な者に、苦悩はない。

第20回　変化は内面から――涅槃寂静（2）

「戦争で千万の敵に打ち勝つよりも、自分自身に打ち克つ方が偉大な勝利である。」

（*The Teaching of Buddha* 370ページ）

「人生はすばらしいものにできる」

今回も引き続き「存在の第四の印」についてお話ししていきます。つまり「涅槃は安らかで穏やかである」、または言い換えれば「人生はすばらしいものにできる」ということです。今回は、より親しみやすい方の言い方、「人生はすばらしいものにできる」を使うことにします。

「人生はすばらしいものにできる」という表現は、二つのことを明かしてくれます。

第一に、この状態を実現できた時、人はそれ以前よりも苦しみを体験することがはるかに少なくなり、幸福を味わうことがはるかに多くなることを教えてくれます。なぜなら、前回にお話ししたとおり、その人の暮らしには喜び、寛容、慈悲、好奇心、誠実さ、静謐、落ち着き、覚醒、集中力、そして完璧さといった性質が染み渡るようになるからです。これが「すばらしい」ということです。

第二に、私は「人生はすばらしいものである」ではなく、「人生はすばらしいものにできる」という言い方をしています。その理由は仏教の悟りの核心に迫るもので、悟りに至るには各個人がみずから積極的に「内面から変化する」ことが必要とされているからです。この内的な変化あるいは変容によって、人は自分の暮らしを「すばらしい」と感じることができるようになるのです。

ですから、ここではすべての人のすべての人生について十把ひとからげに断定しているのではありません。人は人それぞれなのですから。だから私は「人生はすばらしいものにできる」という具合に「できる」を強調して、押しつけがましく「人生はすばらしいものである」などとは言わないようにしたわけです。

今回のテーマ――「内面から変化するということ」

このように「存在の第四の印」――「人生はすばらしいものにできる」は、今回私が強調したい点、つまり、変化は内面から起きなければならないということに結びつきます。仏教は世界と自分に対する私たちの見方を変えさせてくれます。私たちの内面が変われば、外の世界に対する私たちの見方、そしてそこでどのように行動するかも変わるのです。

第5回で、お坊さんとホットドッグについてのジョークをご紹介しました。今回はそのジョークの後半もご紹介したいと思います。それは今回のテーマに関連しています。初めからお話ししましょう。

お坊さんとホットドッグ

さて、ある時、あるお坊さんがホットドッグを食べたいと思いました。そこでにぎやかな街角にあるホットドッグの屋台へ向かいました。売り子が聞きます――「お客様、どんなトッピングで、おいくつにしますか？」。お坊さんは答えました――「すべてを、ひとつにしてくれ！」。

ジョークがおわかりになったかどうか、念のためもう一度ご説明しましょう。文字どおりには、お坊さんはホットドッグにマスタード、ケチャップ、刻み玉ねぎ、薬味やザワークラウトなど、あらゆるトッピングが全部入ったものを一つ作ってほしいと言った、という意味です――言い換えれば「すべて（のトッピングが入ったホットドッグ）を一つ作ってほしい」ということです。

しかしより深い意味は、人が宇宙と「ひとつ」になったと感じる宗教的な体験を指します。仏教の悟りに伴う、宗教体験の絶頂で味わうものです――ですから言い換えれば「私をすべてとひとつにしてほしい」ということになるわけです。

では、前回はお話ししなかったこのジョークの後半をご紹介しましょう。

ホットドッグを受け取ったお坊さんは売り子に二〇ドル札を手渡しますが、しばらくたってもおつり（change）をもらえません。お坊さんは我慢強くもう少し待ってみましたが、ついにちょっとおろおろして「おつり（チェンジ）はまだですか？」と聞きました。すると売り子はお坊さんに面と向かってこう答えたのです――「お坊さま、変化《チェンジ》は内面から得るべきものです！」

お坊さんとホットドッグのジョークは、スピリチュアルな変容あるいは変化は、内面から起きなければいけないという今回のテーマの核心を改めて示してくれます。

溺れそうになった船乗りの寓話

この点を具体的に浮き彫りにするのに、海で遭難した船乗りについてのすてきなお話がありますす。私は小さい頃から、カリフォルニアの近所のお寺でこのお話が何度も語られるのを聞いて育ちました。いつ、どこから出て来たお話なのかは誰にもわからないようですが、私自身の理解にはとても大きな影響を与えてくれました。

ある晩、一隻の船が熱帯の島の港から船出しました。何時間も荒れた海を航海した頃、一人の船乗りが海へ転落してしまいました。しかし、船上の誰もその男が行方不明になったことに気づかず、船はそのまま進んで行ってしまいました。海水は冷たく、三角波が立っています。暗闇が不安を誘います。船乗りは何とか浮いていようと必死で水をかきます。

それから彼は、転落する前に見えていた島に向かって泳ぎ始めます。しかしすぐに方向感覚がまるで失せてしまいます。だから正しい方向へ向かっているのか定かではありません。泳ぎは得意でしたが、まもなく両腕も両足も重くなってきます。息づかいも荒くなり、息をするのもやっとです。船乗りは途方に暮れ、大海原の真ん中でまったく一人ぼっちだと感じます。もう自分はおしまいかもしれないと気づきます。彼は絶望に打ちひしがれ、まるで砂時計の砂が落ちていくようにエネルギーが失われていきます。顔に当たる海水にむせるようになり、身体が海中へと引きずり込まれようとしているのを感じました。

その瞬間、執着しないという教えを思い出します。それは「とらわれを捨てる」という行為を教えるものです。そこで彼は自力で懸命に泳ごうとすることをやめます。その代わり、まるでのんびりとした夏の午後に裏庭のハンモックに横になるかのように、手足を伸ばして仰向けになりました。

そうしてみると、自分で何の努力もしていないのに、大海が身体をしっかりと浮かせてくれているではありませんか！　海中へ引きずり込もうとしていたあの大海が、今や彼を優しく愛撫してくれているのです。船乗りは歓喜に包まれました！　また、自分はこれで大丈夫だと気づき、ありがたく感じました。

まもなく彼は、自分は初めからずっと平気だったことに気づきます。ただ自分でわかっていなかっただけなのです。大海原はまったく何も変わっていませんでした。それよりも、船乗りが自分の考え方を変えたことで、自分と大海との関係が変わったのです。危険で恐ろしい敵だった海が、彼を包み支えてくれる友へと変わったのでした。

船乗りはいつまでも大海のど真ん中で浮いているわけにはいかないことはわかっています。世の中に何の務めもなく生きているのなら、この喜びに満ちた落ち着きに安住していることもできるでしょう。しかし家で心配して待ってくれている妻と幼い子供たちの姿が目に浮かび、何とかして岸をめざそうという気持ちを奮い立たせてくれました。

彼は前のように泳ぎ始めますが、一つ重要な違いがあります。自分を思いやり、守ってくれる愛しい人に対するかのように、彼は今や大海を信頼しているのです。いつでも疲れた時には、とらわれを捨てて力を抜けば、大海が支えてくれることを彼は知っています。さらに大切なことは、泳いでいる時も、身体を浮かせてくれているのは自力ではなく、大海の力なのだ、ということを今や彼は理解しているのです。確かに自分の手足を動かして泳いでいますが、そうしようと悪戦苦闘しなくても浮いていられる、ということを学んだのです。

海の腕に抱かれて安心できるようになった今、船乗りには島を探すことを考える余裕ができました。星々と月の位置や風向きを検討します。これまで積んできた航海術の経験を活かし、どこに島がありそうかを推定し、そちらへと向かいます。正しい方向へ泳いでいるという絶対的な保証はありませんが、今では大海が彼を溺れさせるようなことはないと、そしていずれは島にたどり着くだろうと、確信していました。

内面からの変化

さて、この寓話の主なポイントは何でしょうか？　第一に、船乗りを溺死から救ったのは何か外からの神聖なる救いのようなものではなかったこと。彼は自分のジレンマの解決策を、自分を超えた何ものかに求めたわけではありませんでした。執着を捨てるという教えを思い出すことで、何もかも自分で手綱を握っていなければならないという考えを放棄するべきだと気づいたのです。その時初めて、彼はリラックスし、もがくことをやめることができました。そして自分の力ばかりに頼ろうというとらわれを捨ててみて、自分を支えてくれる大海の力を発見しました。ですから彼を救ったのは「内面からの変化」だったわけです。

そうして、大海が敵から友へと変容していることを発見しました。彼の「内面からの変化」の前は、大海が今にも自分を海中へ引きずり込むのではないかと思えましたが、変化の後には大海が自分を優しく支えてくれていることを見出したのです。おもしろいのは、大海はまったく変わっていないという点です。以前と同じ大海ですが、彼が変わったために、大海も変わったのです。

さて、この変化は船乗りにとても重要な贈り物をくれました――確信です。ですから家へ帰ろうと再び泳ぎ始めた時には、大海は自分を裏切らないという確信を持つことができました。疲れたらいつでも、ただこだわりを捨ててリラックスすればいいのです。こうした安心感が彼の心と頭に余裕を与えてくれて、家路を見出すために、自分の持てる知識と能力を存分に活用することができました。もっとよく見て、しっかり耳を澄まし、よりよく考えることができたのです。

私たちの暮らしへの応用

みなさんがもし今、暮らしの中で困難に直面しているとしたら、「内面から変わる」という教えを応用できないか検討してみてください。私たちは時に、あまりにも多くのことを背負い込み、寄せられる期待の大きさに圧倒されてしまうことがあります。そういう時、ひょっとして私たちは、あの溺れかけた船乗りのように「とらわれを捨てる」ことが必要なのかもしれません。そうすれば、取り組んでいる目的や組織が、おそらく案外すんなりとうまくいくことに気づくのではないでしょうか。

もしみなさんが人間関係の上で困難を抱えているのなら、自分の内面へ目を向け、自分で変えられる態度や意見がないか探してみるのもいいかもしれません。そのように変わることで、相手のどこかに和解のきっかけを見つけることができるのではないでしょうか。

もし人生が期待どおりいっていないとしたら、もがくことをやめてみて、あの船乗りのように仰向けになってリラックスしてみてください。そうすれば、自分という存在そのものを物理的にも精神的にも支えてくれている人々やものごとに気づくに違いありません――私たちが呼吸している空気から、息をのむような自然の美しさまで、それにあなたのことを思いやってくれる人々のことも。そうすれば、あなたにとって人生は敵ではなく友となってくれるでしょう。そしてそうすれば、より大きな確信と創造性を持って再び泳ぎ出すことができるはずです。

第21回　ものごとを真にありのままに見る――涅槃寂静（3）

「弓矢を作る職人はまっすぐな矢を作ろうとする。同じように、賢い者はみずからの心をまっすぐにしようとする。」

（*The Teaching of Buddha* 364ページ）

今回は「存在の第四の印」の「涅槃《ねはん》は安らかで穏やかである」あるいは「人生はすばらしいものにできる」ということのもう一つの側面について探求してみたいと思います。そしてその側面は、ものごとを「私が見たいように見る」のではなく、「真にありのままに見る」ことの一つの特質でもあります。

ねじ曲がった木

この点を一種のなぞなぞのような形で浮き彫りにしたいと思います。ここに針金のハンガーを曲げて作ったねじれた木の見本があります。これをねじ曲がった木だと思ってください。さて、

これに意識を集中して、「木がまっすぐに見える」ようにしてみてほしいのです。どうぞやってみてください。

さあ、残念ながら時間は限られていますので、今度はこうお尋ねします。「木がまっすぐに見えましたか?」。これを小中学生にやってみると、勢い込んで手を挙げて「はい、木の幹がまっすぐになりました。ねじ曲がってないようになりました」と言う子が必ず何人かいるものです。

さて、そういう子たちに対しては、意見を発表してくれたことはほめてあげるのですが、続いて、その答えは間違っていると伝えなければなりません。もちろん、実際に木の幹がまっすぐになるように見えたのかもしれませんが、それは仏教が目ざすものではありません。曲がった木の幹をまっすぐに直すという、何か奇跡的な芸当をやってのけることがねらいではないのです。

そうではなく、仏教のねらいはねじ曲がった木をねじ曲がった木として見ることなのです！　私が「木がまっすぐに見える」ようにと言ったのは、「曲がる」に対する「まっすぐ」ではなくて、「ありのままに正しく」という意味での「まっすぐ」だったのです。これはものごとを「私が見たいように見る」のではなく、「真にありのままに見る」ことの一例です。これこそ今日の冒頭の一節にこめられたメッセージそのものです――。

弓矢を作る職人はまっすぐな矢を作ろうとする。同じように、賢い者はみずからの心をまっすぐにしようとする。

言い換えれば、完全に悟りを開いた人はものごとを真にありのままに見て、そうでない人たちは、ものごとをその人たち自身が見たいように見る癖があるということです。

わが子と毛布

後者の例、つまり自己中心的にものごとを見るという誤った習慣の例として、私が暮らしの中で体験し、一〇年以上も前のことでありながら今も鮮明に覚えている、ある出来事をご紹介したいと思います。

ある日、しんどい一日を終えて疲労困憊して仕事から帰宅すると、私は居間のソファにぐったりと身を投げ出しました。夢うつつで、心地よく身を横たえていると、誰かが左の袖を引っ張る気配がして、「パパ、パパ」とささやきかけてくる声がしました。二歳になる息子、ネイサンでした。

私は内心つぶやきました、「ああ、まいった、また相撲をとりたいんだな。今は心身ともにとても相撲につき合ってやるどころじゃないっていうのに。どれだけ疲れているか、わからないんだろうか？　わかるわけないよな、それに説明しても無駄だろう」。そこで私は寝たふりをしました。

しかし息子はなおも袖を引っ張りながら、「パパ、パパ！」と呼びかけてきます。私はますますいらいらして、二歳の息子に対して、あれやこれや悪意のある思いが湧き上がってきて、内心次のようなひとりごとを言いました、「あいつは自分のことしか考えてないんだ。私が眠っているのがわからないんだろうか？　いつまでも私の邪魔をし続けるあのしつこさは、きっと妻からの遺伝に違いない！」。

それでも彼は「パパ、パパ」と言って袖を引っ張るのをやめません。ついに、もう我慢ならなくなって、私は叱ってやろうと目を開けました。

しかし目を開けてみると、私は目にした光景に心底びっくりして、まったく不意を突かれたのです。なんと、そこには二歳の息子が左手に毛布を持って立っていたのです。彼は私のために毛布を持ってきてくれたことをずっと伝えようとしていたのだと、気づきました。私が自分で毛布を掛けられるようにと、息子は私を起こそうとしていたのです。

息子はわざわざ私の寝室から自力で毛布を引きずってきたのでした。母親も私も彼にそういうことを教えたことはありませんでした。まったく自分だけで思い立ってそうしたのです。私は穴があったら入りたい気分になりました。

今でも私は、二歳の息子に対して私自身が抱いたあれこれのネガティブな考えを思い出すたびに、恥ずかしさとバツの悪さを覚えます。同時にそんな私の利己的な考えとはうらはらに、わが息子が取った思いやりのある行動に驚かずにはいられません。私はとてもありがたく、幸運に感じました。これこそ明らかに「ものごとを自分が見たいように見る」ことの典型で、「ものごとを真にありのままに見る」ことの完全な失敗例でした。

みなさんもこのような経験をしたことはありませんか？　もしあるとすれば、まったく思い違いをしていたことに気づいたあとに、「どうしてあんなトンチンカンなことを考えてしまったんだろう?!」と自問自答する、そういう時の気持ちを理解し、きっと共感してもらえるに違いありません。

さて、悟りを開いた人ならば、そういった身勝手な思いを人や物にぶつけることはほとんど、あるいはまったくしないでしょうし、ものごとを真にありのままに体験できるはずです。

思いを押しつけてしまうということ

ものごとを真にありのままに見ることができない理由は、自分の考えや思いを「強要する」あるいは「押しつける」という私たちの行為にあると、仏教の教えでは古くから考えてきました。サンスクリット語では、アディヤーローパ（adhyāropa）と言って、「誤った断定」を意味します。ひょっとして、心理学用語の「投影」が似たような意味をとらえているかもしれませんね。

今はよりくだけた表現、「押しつけ」を使うことにしましょう。私たちが日常生活でものごとを体験する時、私たちは外界からの刺激を視覚、聴覚、嗅覚、味覚、触覚という五つの感覚を通じて認識しています。仏教的な視点から言えば、続いて私たちはそれらを快適か、不快か、どちらでもないかのものとして感じます。また、私たちは外界のものに対して解釈をする、つまり概念的に了解しようとし、続いてその刺激に対する私たちの意志的作用、つまり対応が起きるわけです。

悟りの境地に遠ければ遠いほど、私たちは感覚的にとらえているものに過度に解釈を加える、言い換えればそのうえに私たち自身の考えをたくさん押しつけてしまいがちです。感覚を通じて直接的に刺激が染みとおってくるのに任すのではなく、私たちの考えや感情を通じて私たちの好き嫌いが、その感覚のうえに押しつけられてしまいます。ですから私たちはものごとの真のありのままの姿を見るのではなく、私たちがそれらをこう見たい、という形で見てしまうのです。

押しつけの一つとしての固定観念

私たちは、自分とは違うところがある人たちに対して固定観念を抱きがちですが、この「押しつけ」という行為はその仕組みを説き明かしてくれます。その違いには人種、民族、性別、宗教、性的志向や階級などがありえます。

悟りを開いた人ならば、ある人がある特定の人種だからといって、その人種に関するステレオタイプ的な見方をその人のイメージの上に押しつけたりせず、むしろ、どのような人物でも何よりも第一に人間として見るでしょう。残念ながら、私たちも身に染みて知っていますが、こうした固定観念の多くはかなりネガティブで侮蔑的なものでありがちです。そのような固定観念は、たとえば、怠慢、狡猾、くさい、卑劣、横柄、口が軽い、排他的などの形容詞で表すことができるでしょう。

固定観念を抱きがちな人は、このような描写を真に受けて、特定の人種の人に対して自動的にレッテルを貼ってしまいます。こうしたいわゆる「レッテル」はその人の真の姿を覆い隠してしまい、その人のありのままの姿を見逃してしまうことになるのです。

一方、悟った人ならそのような固定観念の押しつけには、くみしないでしょう。彼らもステレオタイプ的な見方は知ってはいますが、それらを相手のイメージの上に押しつけたり、自動的に関連づけてとらえたりはしないのです。

私たちは、自分たちがこのような固定観念があふれている社会に暮らしているということを、心得ておくことが重要だと思います。私たちの誰もが固定概念を知らずにすごすことはできませんし、時にはそれらが正しいと思ってしまうことさえありえます。「押しつけ」の罠にはまることは、いたって容易なことなのです。ですから誰に対しても、こうした侮蔑的なイメージを自動的に押しつけて見てしまわないよう、私たちは常に警戒していなければなりません。

内的な気づきと心の涵養

どうすれば、他人に対して固定観念を自動的に押しつけてしまわないようにすることができるでしょうか？　私は心を涵養する仏教の修行こそ、貴重な貢献ができるはずだと思っています。みずからの内面を見つめる気づきと心の涵養を通じて、心と頭脳にいっそうの落ち着きと余裕が生まれれば、人々は「押しつけ」という罠に落ちないよう、自分をよりうまく制御することができるでしょう。

固定観念や差別と闘ううえで、私のメッセージに何ら真新しい点はありません。しかし、これらの固定観念がいかに私たちの想像の産物にすぎないかをわからせてくれる点で、仏教は特に力があると思います。それら固定観念はたんなる観念あるいは頭の中でつくり上げられたものであり、したがって真実ではないのです！

さらに仏教の内的な気づきと心の涵養は、どのようにステレオタイプ化が起きるか、その心理的なメカニズムも明確にしてくれます。そして私たちが固定観念を抱くのを防ぎ、最小限に抑えるための実用的な方法も提供してくれます。理想も大切ですが、その理想は現実の世の中で実際的な結果に転換されなければなりません。そのためには、一人ひとりが首尾一貫した努力をしなければならないのです。

これら個人的な努力に加え、私たちはさらに社会全体を改善するために尽力すべきです。なぜなら社会的な諸制度のあり方は、人々が互いをどのように見て、どのように関係し合うかを大きく左右するからです。極端な不公平や過度の競争は、より多くのステレオタイプ化と差別を助長する諸条件を生み出します。そのような社会的な諸条件はできるだけ最小限に抑えなければなりません。そして誰もが知っているように、変化は自動的には起きないのです。

第22回　暮らしの中の慈悲に目覚める——涅槃寂静（４）

「そしてあたかも春の訪れを告げるやさしいそよ風や枝に咲く数輪の花のように、人が悟りを得る時、山川草木をはじめあらゆるものが新たな生命に満ちあふれる。」

（*The Teaching of Buddha* 464ページ）

暮らしの中の慈悲に目覚める

今回は、「存在の第四の印」のさらなる次元を探究したいと思います。それは仏教におけるスピリチュアルな目覚め、あるいは悟りの状態に関することです。この状態とは、仏陀が三五歳の時に菩提樹《ぼだいじゅ》の下で体験した究極的な状態を指すことが多いのですが、私たちの誰もが今日にも実現できる、より低いレベルの目覚めを指すこともあります。

そして目覚めの程度が深まるにつれ、私たちは必然的に、私が「暮らしの中の慈悲」と呼ぶものをよりいっそう体験するようになっていきます。ですから今回は、私たちの人生を包んでくれている暮らしの中の慈悲に対して、私たち一人ひとりが心を開くことをお勧めしたいと思います。

さて、私の言う「暮らしの中の慈悲」とはどういうことか、詳しく説明しましょう。たとえば、私たちが気づいているかいないかにかかわらず、私たちの生を生み出し、育み、維持してくれるさまざまな「生命力の源」に対して、私たちが日々感じている畏敬と感謝の念の中などに、それを見出すことができます。それら生命力の源には、遺伝子、日光、雨、私たちが呼吸する空気などが含まれます。それから、私たちが自分たちの身体を持続させるために分かち合ってきた、そしてこれからも消費し続けるはずの、無数の植物や動物もあります。そうした私たちを支え育んでくれるあらゆるものに対する感謝の気持ちを暮らしの中の慈悲ととらえることができます。

そのほかにも、暮らしの中の慈悲には、本当に美しい音楽作品を聴いた時や、印象的な芸術作品を見た時、あるいはスポーツの忘れがたい名プレーの瞬間に立ち会った時に得られるインスピレーションなども含まれます。私の場合、今もビートルズの歌の多くに心を動かされますし、一九八一年のアメリカンフットボールの優勝決定戦と、その時サンフランシスコ・フォーティナイナーズのクオーターバック、ジョー・モンタナが投じてダラス・カウボーイズを破ることになった奇跡のタッチダウンパスは、いつまでも忘れないでしょう。

私たちの家族や真の友人たちとの間の深い絆はかけがえのないものです。私を含め小さな子供のいる人たちならば、子供たちが眠っている時の天使のような表情を見ると、思わずほほえまずにはいられません。私たちのほほえみは、私たちが感じる喜びと誇り、そして感謝の念を映し出しています。なぜならそれらは私たちが人生で体験する暮らしの中の慈悲の一部だからなのです。

自然の美を愛でること

私自身としては、自然の美と偉大さの中にも慈悲を見出します。自宅と職場との行き帰りに片道五キロほどの道のりを歩く時ほど、この暮らしの中の慈悲の充溢《じゅういつ》に強く打たれる時はありません。あらゆる形や色で咲き誇る庭の花々の美しさは私の心を本当に浮き立たせてくれます。それらの花々は私が個人的に落ち込んでいる時でも私を元気づけてくれます。

そこへ鳥たちのさえずりが加わり、その絶妙な歌声を私はできるだけ楽しみ、味わうようにしています。ある時は私の鍵ががちゃがちゃ鳴る音に惹かれてリスの赤ちゃんが歩道へ出てきて、食べ物か、あるいは母親を探して、私の靴によじ登ってきたことさえありました。

そして何よりも、私にとっては木々こそがインスピレーションの絶えざる源です。木々の沈黙は壮麗で、加えて多くの葉が手を伸ばすように広がり、生命の源、つまりまさに私たちが呼吸するこの空気を与えてくれています。心を和ませてくれる涼やかなそよ風に木々の葉が躍り、揺らめき、みずからの緑色の陰影に輝く時、私は何とも言いようのない「一体感」に打たれます！

残念ながら、私が体験する暮らしの中の慈悲は、私が望むような完全さにはほど遠く、思ったほど頻繁に体験できるわけでもありません。しかしながら、それらは完全に悟った人がどのようなことを体験するのか、それを垣間見させてくれますし、それは今回の冒頭の一説に表現されているとおりです――。

そしてあたかも春の訪れを告げるやさしいそよ風や枝に咲く数輪の花のように、人が悟りを得る時、山川草木をはじめあらゆるものが新たな生命に満ちあふれる。

暮らしの中の慈悲と目覚め

私は「生命に満ちあふれる」という表現が大好きです。確かに、ある人の「目覚め」が深まると、その人の生活には、暮らしの中の慈悲がさまざまな形をとってよりいっそう充溢するようになるのだと思います。

たとえて言えば、「目覚め」の初期の段階はラジオのスイッチを入れるようなもので、暮らしの中の慈悲はラジオの電波のようなものです。ラジオのスイッチを入れない限り、私たちはラジオの電波の存在に出会うことはできないのです。同様に「目覚め」というスイッチが入って、暮らしの中の慈悲に出会うことができるのです。

それでも、スイッチを入れるだけでは足りません。私たちは音量を上げなければなりません。音量を上げれば上げるほど、よく聴こえます。まさに私たちの目覚めが深まるにつれ、私たちは人生における暮らしの中の慈悲によりいっそう気づくことができるようになるわけです。

私たちのいたらないところ

私たちが暮らしの中の慈悲をより深く自覚するにつれ、自分のいたらない点に関する認識も深まります。言い換えれば、慈悲の心が大きければ大きいほど、いたらない点も大きくなるのです！

これら二つのものは互いに矛盾するように思えますが、実際は一対のもので、日光と日陰のようなものです。木に陽が当たっているところを思い浮かべてください。必然的にその木には陰もできているでしょう。このように、この日光は暮らしの中の慈悲を表し、陰は私たちが気づくようになる自分のいたらない点を表しています。

暮らしの中の慈悲に対する私たちの自覚が深まるにつれ、私たちは私たちを生かしてくれているほかの人々、生きもの、そしてものごとに対してとても深い感謝の念を感じます。そしてそれらのものにもっと早く、もっと濃密な形で気づかなかったことを悔やみます。要するに、私たち自身の欠点がもっとずっと見えやすくなるのです。

この私たちのいたらなさは、私たちのために犠牲になる人間以外の生きものについて考えるといっそう明らかになります。金子みすゞ（一九〇三―一九三〇年）という近代日本の女流詩人による、ある感動的な例を挙げてみましょう。彼女は仏教に強い影響を受けていました。この一篇の詩は「大漁」と題されていて、その中で彼女は大漁を果たして漁村へ戻ってくる漁船たちを描いています。人々は喜びと興奮に沸きながら漁船団を出迎えに港へ駆けつけますが、彼女は自分たちのいたらない点にも気づいています。彼女の言葉を聞いてみましょう――。

大漁

朝焼《あさやけ》小焼《こやけ》だ
大漁だ
大羽鰮《おおばいわし》の
大漁だ。

浜は祭りの
ようだけど
海のなかでは
何万の
鰮のとむらい

するだろう。

彼女は失われた魚たちの命を痛いほどに認識しています。金子は魚のことを人間の家族と同じような目で見ています。ここでは、彼女が漁村の一員として自分も少しは大漁に満足していながら、同時に自分には欠けるところがあることも見つめている、という点に注目することが重要です。彼女はジレンマにも陥っているわけですが、しかし彼女がほかの人たちと異なるのは、彼女が自分のいたらない点に気づいていることです。それは、人間がほかの生命に依存せねばならない、それなのにその事実を私たちが充分に認めていないと言い換えることもできるわけです。

欠点としての奇癖

今回の話題について、少し軽い感じで締めくくりたいと思います。このみずからのいたらない点に関する意識は、宗教的な権威によって上から無理強いされるような罪の意識とは質が異なります。そうではなく、自分自身の目覚めの欠くことのできない一部分なのです。

ほとんどの場合、それは自分自身の限界を笑い飛ばしてしまう能力を伴います。私がこれまでに知りえた、いわゆる目覚めた人たちは、完璧な人間の模範なわけではありません。実のところ、その人たちは多くの点でいたって平凡ですが、自身の不完全な部分を、たとえば自分の奇癖や一風変わった習慣などを受け容れ、それを笑えるような人たちです。

ある時、お寺の日曜討論グループで、メンバーの人たちと私で自分たちの奇癖について紹介し合ったことがあります。

ある女性はクッキーと牛乳に関する珍妙な癖について語りました——彼女はクッキーを食べ終える時、牛乳も同時に飲み終わるようにしなければ気がすまないというのです。クッキーを食べ終えても牛乳が残っていたり、その逆だったりすると、気になってどうしようもないそうです。ですから彼女はどれだけ牛乳を飲んで、どれだけクッキーを食べるか、注意深く計算しているのだそうです。

別の人の奇癖は車にガソリンを入れる時のことでした。彼の場合、料金メーターの数字が偶数で止まるようにせずにはいられないのです。ですからメーターが一九・五九ドルで止まったりすると落ち着かないのです。そのような事態になった時は、彼は偶数の料金になるまで、なんとかもう少しガソリンを注ぎ込もうとするわけです。

今ごろみなさんは、ほかの連中はもちろん風変わりで珍妙だろうが、私は絶対にそんなことはないぞ、とひとりごとを言っているかもしれませんね。でもまあ、早合点しないようにしましょう。なぜなら私も自分の間違いに気づいたことがあるからです。

私はある時妻に、私たちの友人がチャーハンを食べる際に、しきりにスプーンでご飯の山を作りながら食べる珍妙な癖がある、という話をしていました。チャーハンをひと口ふた口食べるたびに、彼はまた山を作りなおすわけです。私はこの珍妙な癖について妻に語りながら、くすくす笑っていました。すると彼女はほほえんでこう言ったのです――「あなたもそうするわよ」。最初私は、「そんなことはないよ。ぼくはそんなことしないさ！」と言って反論しました。それからもう少し考えてみると、おそらく、私もそんなことをするかもしれないと、認めざるをえなくなりました。このように自分自身を客観的に見ることは難しいものです。自分のいたらない点や奇癖となればなおさらです！

ただし、私たちが自分のいたらない点を認めることができるのも、暮らしの中の慈悲に気づいていればこそなのだ、という点を覚えておかなければなりません。ここでも、日光があればこそ陰もできるのです。ですからこれら二つは一緒になって、目覚めた人の極めて重大な要素を構成するのです。

最後に、私が今回お話ししたことが、私たち自身のいたらない点に、そして私たちの人生を包んでいる暮らしの中の慈悲に、みなさんが心を開く励ましになったとすれば幸いです。

第23回　SMAL（スモール）ではなく、BIIG（ビッグ）に――涅槃寂静（5）

「心が清浄になれば、その人の周囲もまた清浄になる。」

（*The Teaching of Buddha* 464ページ）

SMAL（スモール）に考えず、BIIG（ビッグ）に考えよう

前回で、「存在の四つの印」（四法印）に関する話題を締めくくりました。今回は、「存在の四つの印」の四つすべてを一つの全体としてとらえて、仏教における悟りとよりいっそうよくマッチした見方をご紹介してみたいと思っています。

そのために、もう一度「存在の四つの印」をおさらいしておきたいと思います。それは、「人生の旅路はデコボコ道（Bumpy road）だ」、「人生は持ちつ持たれつ（Interdependent）だ」、「人生は無常（Impermanent）だ」、そして「人生はすばらしいもの（Great）にできる」でした。Bumpy、Interdependent、Impermanent、そしてGreatの頭文字を並べると、「BIIG（ビ

ッグ）」（でっかい）となります。ですから、この四つを覚えるためにも、どうか「ＢＩＩＧ（ビッグ）に考える！」ようにしてください。

おっと、まだまだ先がありますよ。さて、「ＢＩＩＧ（ビッグ）に考える」の反対、つまりものごとの誤った見方とは以下のようなものです――「人生の旅路はデコボコ道だ」とは反対に「人生の旅路は平たん（Smooth）だ」、「人生は持ちつ持たれつだ」とは反対に「人生は私のもの（Mine）だ」、「人生は無常だ」とは反対に「人生はいつも（Always）変わらない」、そして「人生はすばらしいものにできる」の反対に「人生はろくでもない（Lousy）」。そしてSmooth、Mine、Always、それにLousyの頭文字を並べると、「ＳＭＡＬ（スモール）」（ちっちゃい）となります。ですから間違った四つの見方を覚えるためにも、どうか「ＳＭＡＬ（スモール）に考えない！」ようにしてください。そして二つを合わせて、「ＳＭＡＬ（スモール）に考えず、ＢＩＩＧ（ビッグ）に考えよう！」です。

Bumpy（〔人生の旅路は〕デコボコ道）⟷Smooth（〔人生は〕平たん）
Impermanent（〔人生は〕持ちつ持たれつ）⟷Mine（〔人生は〕私のもの）
Impermanent（〔人生は〕無常）⟷Always（〔人生は〕いつも〔変わらない〕）
Great（〔人生は〕すばらしい）⟷Lousy（〔人生は〕ろくでもない）

どうです、けっこういい出来だと思いませんか？　この一節の特許は私が持っていますから、許可なく使わないでくださいよ、いいですね……というのはもちろん冗談です。こうしたおもしろいフレーズでみなさんがこれらの基本的な真理を思い出し、生活に応用するきっかけになれば幸いです。

私たちの経験に当てはめてみる

生活に応用するという点ですが、私たちが暮らしの中のさまざまな困難に対処するうえで、「SMAL（スモール）に考えず、BIIG（ビッグ）に考える」ことが、どのように力になってくれるかを見てみましょう。わかりやすくするために、スペンサー・ジョンソン博士のベストセラーになった本、『チーズはどこへ消えた？』の四人の主人公たちに再登場願いたいと思います。

この本については以前にもお話ししましたね。とても遠いあるところに、「スニッフ」と「スカリー」という二匹のネズミと、「ヘム」と「ホー」という、ネズミぐらい小さいけれども見た目も行動も現代の人間にとてもよく似た二人の小人が暮らしていました。毎日、栄養分を摂って満足できるようにと、彼らはチーズを探して迷路の中を走りまわりました。ある日、四人の登場人物たちはチーズ・ステーションCの近くで巨大なチーズを発見します。彼らは当然ながらこの発見に大喜びです。彼らの暮らしは順調でしたが、ある日、チーズ・ステーションCに来てみると、チーズがすっかり消えてしまっていたのです！

さあ、ここで二組はそれぞれ極めて対照的な反応を示しました。ネズミのスニッフとスカリーは「ＢＩＩＧ（ビッグ）」なものの見方に合致する反応をし、一方で小人のヘムとホーは「ＳＭＡＬ（スモール）」なものの見方に沿って反応したのです。

もっと具体的に言うと、ヘムとホーは彼らのチーズがなくなっているのに気づいた時、まったく心の準備ができていませんでした。彼らは悲鳴を上げて叫びました――「何だこれは！　チーズがない。こんなのおかしい！」と。彼らにとってみれば「こんなはずじゃなかったのに」というわけです。彼らが予期していたのは、人生が「平たん（Smooth）」であることだったのです。

一方、二匹のネズミたちにとっては、問題は単純でした。彼らはチーズが消えたことに驚きませんでした――なぜなら日に日にチーズが小さくなりつつあったことに気づいていたからです。何かを常に消費し続ければ、やがてなくなるでしょう。ものごとはそうなっているのです。このためスニッフとスカリーにとっては、人生の旅路は確かにデコボコ（Bumpy）道だったわけです。

さて、二人の小人たちがひどく落胆したのは、チーズを自分たちのものだと思っていたからでもあるのです。特にヘムはそう感じ、「チーズは私のもの（Mine）だ」と言い張りました。

ネズミたちはそんな主張はしませんでした。ものごとを考えすぎることもありませんでした。何かを無理やりわが物にするようなこともありませんでした。彼らが堪能したチーズは無数の「持ちつ持たれつ（Interdependent）」な関係にある原因や条件の結果なのだと、そしてチーズが消えたのもまた同じ原理によるのだと、知っていたのです。

チーズが消えた時、小人たちは完全に意表を突かれました。というのも彼らは日々起きていた小さな変化に注意を払ってこなかったからです。彼らは、チーズは「いつも（Always）」そこにあるものと高をくくっていたのです。

一方、ネズミたちは驚きませんでした、なぜならその変化に対する心づもりができていたので、時間を無駄にせずに新たなチーズを探し始めたのです。彼らの行動は、あらゆるものは「無常（Impermanent）だ」という見方に合致していたのです。

変容

ヘムとスカリーの場合、チーズがなくなったことでみじめになりました。現状を受け容れることを拒み、そして反対に、ものごとのそれまでのあり方にしがみついていたのです。チーズが戻ってくるのを待っているうちに、彼らは心身ともにうんざりし、へとへとになりました。彼らの状況は端的に言って「ろくでもない（Lousy）」ものでした。

これに対して、ネズミたちは即座に新しいチーズを探しに出かけました。少し時間はかかりましたが、それでも新たにチーズがたっぷりあるところに行きあたったのです。探していたものが見つかると、彼らは嬉しくてチューチュー鳴き声をあげました——今まで見たこともないほど大量のチーズがあったのですから！　したがってスニッフとスカリーにとって、彼らの状況は、実に「すばらしい（Great）」ものだったわけです。

さてここで私たちにとって、問題はこうです――「どちらがよりよい道か、小人たちのようにSMAL（スモール）に考えることか、あるいはネズミたちのようにBIIG（ビッグ）に考えることか？」。まあ、答えは明らかだと思いませんか？ どのような時や場合でも、私たちはこのようなSMALからBIIGへの変容を遂げる準備をしておく必要があるのです。

私たちの暮らしの中で

とはいえ、こうしたことはどれも後になって、あるいは他人の立場から見るからこそ、見えやすいのだ、ということを私たちは覚えておく必要があります。私たち自身が私たち特有の状況のただ中にいる時、私たちはいとも簡単に「SMAL（スモール）に考える」罠にはまり、ヘムとホーのように、そこで身動きが取れなくなってしまうことがあります。

たとえば、私は半年ほどかなりみじめな思いをしていた人物を知っています。彼は修了まで平均して七年ほどかかる大学院の博士課程に在籍していました。この課程の学習が極めて過酷だっただけでなく、仮に博士号を取得できたとしても、研究職に就ける見込みはとても薄かったのです。そこへ、もともとみずから提案した分野で博士論文にふさわしいテーマを探すのが難しいこともわかり、過酷な状況にさらに追い打ちをかけました。

そうこうするうちに、彼と妻の間に赤ちゃんが生まれました。ところが低所得のために、大学内の住居以外に住む余裕はなく、そこはシャワーしかなくて、赤ちゃんを入浴させることができるような湯船もありませんでした。その一方で彼の友人たちは、潤沢な所得でマイホームを買っていましたし、中には別荘を買う者さえいました。

彼は友人たちに嫉妬し、家族にこのような苦労させていることに罪悪感を抱きました。学者になるというみずからの選択にさえも疑問を持ったほどです。大学院の課程が決して簡単なものではないことはわかっていましたが、ものごとはもっとずっとスムーズで迅速に進むものと予期していたのです。しかしその反対に、彼はいまや三〇代半ばに近づいていながら、いわゆる「トンネルの先の光」も見えていませんでした。彼はみじめになり、そして明らかに「ＳＭＡＬ（スモール）に考え」ていたのです。

そういうある日、妻の言葉をきっかけに、彼は変容を遂げはじめることができました。彼の妻は、博士論文のテーマを彼が本当に興味を抱いているものに変更してはどうかと提案しました――当初の計画に拘泥する必要はない、と。さらに彼女は、彼が学者を志した理由を思い出させてくれました。つまり将来的な仕事をより効果的に遂行できるよう、充分な鍛錬を積むため、ということでした。

彼はその反対に、みずからの自己中心的な懸念と自己憐憫にはまり込んでしまっていたのであり、ほかの人々に奉仕するといったことも含め、当初抱いていた理想を見失っていたのです。それに彼女は、博士課程の学生の妻として経済的な苦労は覚悟している、だから低所得なんて気にしていないこと、そして彼は自分の状況を定職のある友人たちのそれと比較すべきではないこと、を彼に言いました。

この提案、アドバイス、注意の喚起が引き金となって転換が起き、その中で彼は大きな重荷を降ろせたように感じました。続いて彼は、自分がいかに融通の利かない計画や偏狭な視野や自己憐憫などの中に閉じこもっていたかに気づきました。当初の大志を見失っていたのです。こうして彼は「ＳＭＡＬ（スモール）」に考えることから「ＢＩＩＧ（ビッグ）」に考えるあり方へと移ったのです。

ところがもちろんこうしたことは誰でも時々やってしまうことですね。だから私たちは当初の意図や計画からふらふらと逸れていきつつある自分に気づくことがあります。みなさんも、きっとご自身の人生の中で似たような経験をしたことがあるはずです。誰もそれをまぬがれることはできません。人間の性《さが》とはそういうものなのです。だからこそ私たちには、「ＳＭＡＬ（スモール）に考える」ことから離れる力になってくれる宗教的な教えが必要なのです。さらに、私たちにはよき友または師も必要です。あの大学院生の場合は、妻がそうでした。

このことを私は痛いほどわかっています、なぜならその大学院生とは私のことだったからです。ですから私は今回の一節の意味を身をもって学んだわけなのです。

心が清浄になれば、その人の周囲もまた清浄になる。

私の心がどれほど清浄になったかは定かでありませんが、私の日常生活は間違いなくはるかに好ましくて意義深いものになりました。みなさんも「ＳＭＡＬ（スモール）に考え」ている自分に気づいたら、反対に、「ＢＩＩＧ（ビッグ）に考える」ようにしてみてください。私たちは誰でも、自分のために、そしてほかの人々のために、暮らしの中で大きな変化をもたらす内的な力を発揮する能力を持っています。みなさんもご自身と、そして愛する人たちのために、そうする務めがあるのです。

ユーモアで味わう仏教の教え（３）

その４

（物語）ある街角に「イエスはやって来る」と書いた看板を持っている男がいました。その男の後ろに、アジア人らしい男がいて、その看板にはこう書いてあります――「ブッダは今ここに！」。

（解説）このジョークはわかりましたか？　キリスト教はイエス様が未来のいつの日か、再びこの世に戻ってくると説きます。一方の仏教は、遠い未来ではなく、真実への目覚めはすでに、今この目の前にあるのだと主張しているのです。２つの宗教の時間的な目標の違いを対比させたアメリカン・ジョークです。

その５

（物語）広大な湖の真ん中で３人の男たちが釣りをしていると、突然ボートが転覆しました。誰も泳げないし、ともかく岸まで遠すぎたので、３人とも広大な湖の真ん中でボートにしがみついていたわけです。その中のリーダーが言います――「まあ、どうやら祈るしか手はないようだな。だから、お前、祈れよ」。すると最初に指名された男は言います――「いや、俺は無神論者だから祈ったりしないんだ」。そこで次の男に「おまえはどうだ？」と訊くと、「実は俺は仏教徒なんだ。だから俺たちは何かをやってもらうために祈るということはしないのさ」。そこでリーダーがこう言います――「じゃあ仕方ないな、俺は教会には行かないが、教会の隣に住んでいるんだ。だからいつも聞こえてくる連中の祈りの言葉ぐらい覚えている。さあ、頭を垂れようぜ」。そこで３人全員が頭を垂れます。そこで彼らのリーダーはこう言います――「Ｂの５番、Ｉの28番、Ｎの34番……」。

（解説）キリスト教の教会では、よくビンゴ大会をします。リーダーはそれをお祈りの言葉と勘違いしていたというジョークですね。はたしてリーダーの祈りは神に通じたでしょうか。

第8章　八項目から成る聖なる道（八正道）

第24回　ふるまい——八正道（1）

「快い言葉を口にするだけでそれを実践しないのは、香りのない花のようなものである。」

（*The Teaching of Buddha* 366ページ）

具体的な実践の一セット

仏教には、私たちがみずからの内に智慧を涵養するための方法がたくさん説かれていますが、最もよく知られているのが、「八項目から成る聖なる道」（八正道《はっしょうどう》）です。この「八項目から成る聖なる道」は八つの道で構成されています。それぞれが法輪《ほうりん》の八本のスポークを代表していると考えてもらってもいいでしょう。それらは正しい見解（正見）、正しい思考（正思）、正しい言葉（正語）、正しい行い（正業）、正しい生活（正命）、正しい努力（正精進）、正しい精神集中（正念）、そして正しい瞑想（正定）です。詳しくは第8回と第10回をご覧ください。

しかしながら、この八つは、一つを完成してから次へ進んで行くというような、段階と考えてはなりません。そうではなく、お互いに補完し合い、支え合う、統合された一つのセットとして、八つすべてが一緒に実践されるのです。

また、この聖なる道は命令というよりも、みずからを涵養したいと求めている人たちがみずからに課す一セットの指針です。八つはそれぞれに「正しい」と呼ばれていますが、それらは道徳的な意味で「間違っている」ことに対して「正しい」という意味ではありません。そうではなく、「正しい」というのは、真実に沿うようにするうえで「適切だ」という意味を表していて、そのために八つの道の実践は、人が苦しみを減らし、喜びを体験するのを助けてくれるのです。

三つの区分

「八項目から成る聖なる道」の八項目は、しばしば「智慧」「ふるまい」、そして「瞑想」の三つに分類されます。「正しい見解」と「正しい思考」が「智慧」の構成要素となり、「正しい言葉」「正しい行い」、そして「正しい生活」が「ふるまい」を構成しています。そして「正しい努力」「正しい精神集中」、および「正しい瞑想」が「瞑想」の構成要素となっています。

今日の世界においてさえ、どのような企てや職業でも――運動選手、教師、会社員、あるいは工場労働者であれ――これら三つの区分がいかに成功に至るのに必要な訓練となっているかを見てみれば、こうした「智慧」「ふるまい」、そして「瞑想」という分け方の意義がわかるでしょう。

「智慧」――正しい見解と正しい思考

「正しい見解」と「正しい思考」が「八項目から成る聖なる道」の「智慧」の側面を構成しています。「正しい見解」とは、「四つの聖なる真理」（四聖諦《ししょうたい》）や、「存在の四つの印」（四法印《しほういん》）などそのほかの仏教的な信条の理解を指していますが、それらについてはこれまでの回で見てきました。

そして「正しい思考」とは、「正しい見解」に基づきながら、私たちが世界と向き合う時の意志や願望、そして私たちが自分をどう見るかということを指しています。

さて、「智慧」を構成するこれら二つの側面にはこれまで時間をかけて説明してきましたので、これ以上論じることはやめておきます。その代わり、「八項目から成る聖なる道」の「ふるまい」の側面に注意を向けていきたいと思います。

「八項目から成る聖なる道」の「ふるまい」の側面

「八項目から成る聖なる道」の「ふるまい」の側面は「正しい言葉」「正しい行い」そして「正しい生活」の三つです。まずは「正しい言葉」から始めましょう。

〈正しい言葉〉

「正しい言葉」は、私たちに四つのこと――「偽りの発言」「対立を生む発言」「傷つける言葉」「くだらない無駄なおしゃべり」――を差し控えるよう求めるものです。

「偽りの発言」（妄語《もうご》）または「嘘をつく」ことは、事実上すべての宗教で否定されています。ですから詳しい説明は不要でしょう。これはつまり、事実と異なることや、自分の思いと逆のことを言うような行為のことです。

「対立を生む発言」（両舌《りょうぜつ》）は、誹謗中傷、陰口、そして個人間や集団間に憎しみや不和を生む恐れのある発言などを含みます。

「傷つける言葉」（悪口《あっく》）は、他人を傷つけるような辛辣な、失礼な、悪意のある、そして口汚い言葉を含みます。

「くだらない無駄なおしゃべり」（綺語《きご》）とは、ほとんど無益なことについて話すことを指しており、又聞きに基づく噂話など、しばしばただ暇つぶしに話しているだけであったり、うわべだけ仲間意識を取り繕おうという独善に基づいているようなものであったりします。

仏教がこれら四つのふるまいを控えるよう説いてきたのは、これらが多くの場合に貪欲、憎しみ、そして無知に基づいて行われるからです。これらを差し控えるようにすれば、私たちは自然と真実に近い言葉を選び、そうした話し方を育むことができ、より快く、他人に配慮した、思いやりのある仕方で話すことができるのです。


〈正しい行い〉


「正しい行い」は、私たちに「殺生」「盗み」、そして「性的な不品行」を差し控えるよう求めています。

「殺生」とは生命を奪う行為のことで、それには人間の生命も含みますが、仏教ではさらに動物、鳥、魚、そのほかの生きものも含みます。このため、あとで述べますが、たとえば兵器や武器類の取引など殺生に関わる職業に就かないよう仏教徒たちに勧めてきました。

「盗み」は単純に自分のものでないものを取ってしまう行為です。これもまた、事実上すべての宗教で広く禁じられていることです。

「性的な不品行」は、出家した僧侶や尼僧にとってはあらゆる性行為の禁止を意味します。なぜならば彼らは独身主義の誓いを立てているからです。一方の在家の仏教徒たちにとっては、多様な文化の中で、あるいは時代の変化とともに、何をもって「不品行」と定義するかは、もう少し厄介な問題です。しかし、今を生きている私たちにとっては、「不品行」とは他人を傷つけることになるようなあらゆる行為を意味すると取っておくのが最善でしょう。

〈正しい生活〉

僧侶や尼僧にとっては、「正しい生活」はスピリチュアルな修行者にふさわしくない活動に従事することを禁じるということです。在家の仏教徒たちにとっては、基本的な仏教の倫理的価値観に反しない行為や職業に従事することを指しています。

そうした価値観の一つとして挙げられるのは、さきほど触れたように、殺生を控えることです。このため、伝統的には不適切と考えられてきた職業があります。そこには、兵器や殺人用の武器の取引に関わるものや、動物を殺す職業なども含まれます。ほかにも不適切な職業としては、奴隷制度、売春、そして酒類などに関連するものがあります。

これを見ても、仏教が他人を傷つける職業に就くのを控えるよう説いてきたことは明らかですね。これは、あらゆる類の戦争と攻撃的な行為に強く反対するという仏教の立場と合致していて、仏陀の有名な言葉に反映されているとおりです――「**憎しみは憎しみによってではなく、憎しみのない行為によってのみ乗り越えることができる**」（『ダンマパダ――真理のことば』）。

実践することの大切さ

このように、仏教では理想を実行に移すことの重要さを常に強調してきましたし、それは今回の冒頭の一節にも見ることができます。

快い言葉を口にするだけでそれを実践しないのは、香りのない花のようなものである。

みなさんも正しいふるまいを実践すれば、もしかして「バラのような香りがする」人になると言えるのかもしれませんね！　いずれにしろ、「八項目から成る聖なる道」を生真面目に実践したからといって、みなさんもブッダになれるとお約束することはできません！　でも、それによってみなさんの生活やみなさんの周りにいる人たちの生活がよりよくなること、そしてみなさんもおそらく人を惹きつけて離さない笑顔を浮かべられる人になるに違いありません。それは私も自信を持って言うことができますよ！

第25回　瞑想――八正道（2）

正しい精神集中とは、常に明晰な心でみずからの思考を働かせることであり、身体、感覚、心、そして物質的構成要素を観察し、貪欲やそれから起きてくるものを乗り越えることである。

（*Buddha-Dharma* 87ページ）

前回より「八項目から成る聖なる道」（八正道《はっしょうどう》）に着目してきましたが、それは私たちがこれまで検討してきた原理原則を活用する一助になるような、一セットになった実践、あるいはみずからに課す指針を成すものです。

そして「八項目から成る聖なる道」には三つの区分あるいは側面があると指摘しました。具体的には「智慧」「ふるまい」、そして「瞑想」です。すでに「智慧」と「ふるまい」についてはお話ししました。ですから今回は、瞑想の側面に注目しましょう。

瞑想の側面とは、「八項目から成る聖なる道」の中の、「正しい努力」「正しい精神集中」、および「正しい瞑想」です。

〈正しい努力〉

「正しい努力」とは、ポジティブで健全な心の状態を育むためにもっぱら心を注ぐ、エネルギッシュな意志のことです。伝統的な説明では、これを達成するために四つの方法があるとされています――（1）ネガティブで不健全な心の状態が起きてくるのを防ぐこと、（2）すでに起きてしまったネガティブで不健全な心の状態を静めること、（3）まだ起きていないポジティブで健全な心の状態を生み出すこと、（4）すでに起きているポジティブで健全な心の状態を育み、完成させることです。

〈正しい精神集中〉

私の意見では、「正しい精神集中」こそ、今日の社会に暮らす在家の仏教徒たちにとっては最も役に立ち、手軽にできる実践だと思います。精神集中の実践には四つのいわゆる対象物が必要で、それらは、（1）身体の活動、（2）感覚または感じかた、（3）心の活動、そして（4）アイデア、思考、それに概念などの心の「対象物」です。

・身体に対する精神集中

第一の身体への精神集中は、四つの中で初心者にとって最も取りかかりやすいものです。ですからここではこれに絞って、残りの三つの検討はしばらくおいておきましょう。

この身体に対する精神集中はさらに三つのタイプに分けることができます――①呼吸、②身体の活動、そして③身体の構成要素です。

①　呼吸に対する精神集中

呼吸への精神集中から説明していきましょう。私はもちろんこうした形の瞑想の専門家ではありませんが、でも何年も前にタイでテーラワーダ（上座部《じょうざぶ》）の僧侶としていくらか正式な訓練を受けたことはあります。それに加えて、この番組の準備として、北カリフォルニアのメンロー・パークにあるインサイト・メディテーション・センターの定評ある指導者のギル・フロンザルさんからも少し指導を受けました。

伝統的には、上の写真の仏像のように足を交差させて床に座ります。両手は自然かつゆったりと膝の上に置きます。そして背筋を伸ばしておきます。

しかしながら、より多くの人がこれを実践できるようにするために、私は伝統から離れて椅子に座ることを勧めています。精神集中はわずかな時間があればいつでも実践できます。たとえば空港で飛行機を待っている時とか、就寝するちょっと前とか、あるいは子供たちや孫たちを迎えに行って車の運転席で待っている間とか。でも、運転中はダメですよ！

頭はうつむき加減で、普通は四五度くらいの角度です。目については、半眼か完全に閉じておきますが、どちらでも楽なほうでかまいません。それから口ではなく、鼻で自然に息をします。呼吸もごく自然でなければなりません。

さて今度は思考ですが、「何も考えてはいけない」とか「心を空っぽにしよう」などと誤って考える人がいます。そうではなく、自分の呼吸に全神経を集中しなければなりません。これはいくつかの方法でできます。

一つの方法は、息を吸う時に「入る」、息を吐く時に「出る」と心の中で静かに言うことです。あるいはもう一つの手法では鼻腔の下の一点に注意を向けて、息を吸う時は冷たく感じ、息を吐く時は暖かく感じるという事実に注意を向けます。または腹部のかすかな上下動に注意を集中させます――息を吸い込むとみなさんのお腹がふくらみますが、その時静かに心の中で自分に向かって「ふくらんでいく」と言うとよいでしょう。そして息を吐くとお腹がへこみますが、その時は「へこんでいく」と言えばいいのです。

特に最初のうちは心があちこちに向いてしまうでしょう――さまざまな感情や思考がひょっこり浮かび、呼吸に意識を集中するのが非常に難しくなります。実は、そういった気まぐれが浮かんでくることを防ぐことはできません。なぜならその原因となる種はみなさんの過去の行為によってすでに蒔《ま》かれているからであり、雑念はその必然的な果実だからです。ですから、めざすべきはそれらを防ぐことでも何も考えないことでもないのです。

どうすればよいかというと、そうした感情や思考は浮かんだら浮かんだで、そのまま去るに任せるのです。それらは浮かんでは消えるに任せればいいのですが、それにしがみついたり、からめとられてしまったりしてはいけません。思考を行き来するに任せながら、再び呼吸に集中することへと戻っていくのです。ちょうど蜘蛛がやがては蜘蛛の巣の中央へ戻っていくようなものです。呼吸が蜘蛛の巣の中央に相当するのです。

それでも、感情や思考が無視するにはあまりにも強烈だとしたら、それらをはっきりと見るためにそれらに注意を向けてもよいでしょう、そして今自分がどう感じ、考えているかということを離れて、それらを見つめるのです。それが達成できたら、続いて呼吸へと戻っていく、あるいは比喩的に言えば、蜘蛛の巣の中央へ戻るのです。

有名なベトナム人僧侶のティク・ナット・ハンは、多くの人は自分の身体を嫌悪しているが、呼吸は自分の身体をよりよく知る一助になると言います。彼の知人の瞑想の指導者は、お弟子さんたちにこう言って瞑想の訓練を始めるのだそうです――「私たちの身体を自覚しましょう。息を吸いながら、私は今ここで私のこの身体で立っていることを自覚する。息を吐きながら、自分の身体に微笑みかけるのです」。その方は私たちが自分の身体と折り合いをつけることを奨励しているのです。

呼吸による精神集中の実践は、数分間でもいいですし、好きなだけ長くやってもかまいません。私の経験では、ほんの数分でも、前より少し落ち着いて、肉体的にもリフレッシュした感じがするものです。

②　身体の活動に対する精神集中

身体に対する精神集中の二つ目のタイプでは、自分の身体の活動に全神経を集中することを求められます。たとえば服を着る、人の話を聞く、それに食事をするなど。誰かの話に耳を傾けるというのを例に取ってみましょう。誰でもわかるでしょうが、気を散らさずに聞くのは容易なことではありません。しかし、精神集中の訓練を通じて、よりしっかり、かつ深く聞くよう自分を鍛えることができます。

食べることも同じです。私たちは自分が何を食べているのかさえ意識していないことがしょっちゅうありますよね。というのも、テレビを見ながらだったり、雑誌を読みながらだったり、会話に夢中になりながら食べていたりするからです。自分が何を食べているか意識していなかったとしたら、食べ物を堪能できないのは当然で、そうすると往々にして、私たちは心理的に満たされないままになってしまいます。

しかしながら、この精神集中というものは、こうした不満な感じを和らげ、同時により大きな満足感を体験できるようにしてくれます。この充足感は論理的に説明することはできません。ともかく自分で実践して体験するしかないのです！

③　身体の構成要素に対する精神集中

私たちの身体は地、水、火、そして風の要素で構成されていると、仏陀は教えました。

第一に、私たちは自分の内なる「地」の要素に意識を集中しますが、それは固いもののことです。ですから、「地」の要素はみなさんの内側にも外側にもありますね。自分が自分の外にある要素と同じもので構成されているのだと気づくと、自分とその外側の全宇宙との間には実は境界などないということが見えてきます。

次に、自分の内なる「水」の要素に意識を向けますが、水は私たちの身体の七五パーセント以上を占めています。そうすると、私たちは、ここでもまた、自分の外に存在する「水」と深く結びついていることに気づきます――雨や、川や海の水でもあらゆるものがそうです。

私たちの内なる「熱」（火）の要素も同じです。熱はさまざまな身体的な働きの中に見られ、それらは体温として現れています。そしてこれは私たちの外の「熱」と密接に結びついていて、究極的には約九三〇〇万マイル（約一億五〇〇〇万キロ）離れた太陽に基づいているわけです。

四番目は「風」の要素です。これは私たちの中では空気として、私たちの外では風として存在していて、さきほど呼吸への精神集中との関連でお話ししたとおりです。

このように四つの構成要素について瞑想することで、私たちは自分の身体を作り上げている構成要素についてと、同時に、それらと外の世界との本質的なつながりについても、いっそう自覚的になり、私たちは確かに宇宙と一つなのだということを身体で気づくことができるようになるのです！

〈正しい瞑想〉

「八項目から成る聖なる道」の最後の、つまり八つ目は「正しい瞑想」です。サンスクリット語ではディヤーナ（dhyāna）で、そこから禅という言葉がきています。瞑想には本書では扱えないほどの高度な一群の実践を伴いますので、瞑想の世界の探求はまたの機会に譲りたいと思います。その代わり、これまでもっぱら扱ってきた、精神集中に関するお話の中から、みなさんが何か有益なことを得ていただければ幸いです。

さて、これで私たちは瞑想という側面に関する検討を終えたわけですが、智慧とふるまいの側面と合わせて、「八項目から成る聖なる道」については、おしまいとなります。もう一度言いますが、これらの原理原則のいくつかでも活用することができれば、みなさんのスピリチュアルな、そしてメンタル面での生活がきっとよりよい方向へと変化していくに違いありません。

ユーモアで味わう仏教の教え（4）

その6

(物語) 禅宗では「公案」という瞑想の対象となるお題が出され、師匠のもとに行って、自分の公案への答えを返答します。たとえば「無の公案」では、「何もない」「非存在」といった「無」について突き詰めていったりします。さて、あるアメリカの禅の道場で、多くの人が無の公案について師匠に答える時に「無……」と唱えていました。すると、仏教を知らない隣に住んでいた人が、「無……」、「無……」という声がうるさくて、次のような文句を言って寄こしました――「さっさとその牛を殺して、いい加減やめにしてくれ！」

(解説)「無（む）」の音が牛の鳴き声（もー）に聞こえたというジョークです。英語では、牛の鳴き声が、日本語の「もー」ではなく「むー」（moo）であるので、仏教の「無（む）」がなおさら牛の鳴き声に聞こえたようです。これは実際にあった本当のお話です。仏教がまだ一般的ではないアメリカらしいお話ですね。

おわりに

最後にユーモアと救いに関する一節を引いてこのコラムを締めくくりたいと思います。

> 永遠の仏は常に人々の前に最も親しみのある姿で現れ、そして最も賢明なる救いの手段をもたらす。

（*The Teaching of Buddha* 30ページ）

第9章　仏教と今日の社会・文化

第26回　仏教と心理学——共に宝を活かす

「この物語の酔っ払いの男のように、人は生まれ、死にゆく人生の旅路を苦しみながらさまよう。みずからの内に隠された、清らかで汚れなく、かけがえのない宝である仏性《ぶっしょう》に気づくこともなく。」

（*The Teaching of Buddha* 144～146ページ）

仏教と心理学

仏教と心理学にはたくさんの共通点があること、そしてこれらは私たちの内面を健やかに保つうえで相互に補完するような形で活かせること、この点についてお話ししたいと思います。このような見方は、仏教と心理学を一緒に活用して自己充足感を増大させる方法などについて、何百冊もの本が英語で出版されているのを見ても明らかです。ただしここでは「心理学」という用語を「心理療法」を含む広い意味で使っていることをお断りしておきたいと思います。

もちろん、仏教と心理学は方法や最終的な目的はまったく同じというわけではありません。一方はアジアに生まれた太古のスピリチュアルな伝統ですし、もう一方は西洋で発展してきた近代の科学的なアプローチです。しかしながら、北米では、両者が重なり合う面があることはかなり以前から認められてきました。

たとえば一〇〇年ほど前、宗教体験の科学的研究の父であるウィリアム・ジェイムズがハーヴァード大学で心理学の講義をしていた時のことです。聴講者の中にスリランカ出身の著名な仏教伝道者、アナガーリカ・ダルマパーラの姿を見つけました。伝えられるところによれば、ジェイムズ教授はダルマパーラに声をかけて、こう言ったそうです――「私の席へどうぞ。私よりもあなたの方が心理学を講義するのにふさわしい。その（仏教という）心理学は今から四半世紀後には誰もが学んでいるはずのものですから」。

人間のニーズに対処するのに両者がどのようにして一緒に役に立つか、わかりやすい例をお話ししましょう。

自信の喪失

学業や仕事でどれほど成功してきた人でも、一度や二度は自信を失ったり、自分はほかの人たちよりも劣っていると感じたりした経験はあるはずです。誰も例外ではありません。

私たちは批判されたり、努力が惨めな結果に終わったり、たとえ努力がすばらしい成果を生んでも、誰も気づいてくれないとか、注目してくれない時などが多々あります。将来、そういった落ち込んでしまうような経験をした時、これからご紹介するごく簡単な仏教の寓話を思い出すようにしてみてください。

秘められた宝石の寓話（衣裏繫珠《えりけいじゅ》の喩え）

この有名な寓話は、大乗仏教の重要な経典の一つ、『法華経《ほけきょう》』に出ているものです。私たちのテーマに合うように、少し改変して、ふくらましてお話しします。

あるとき、ジーヴァという男性が酔っぱらって居眠りをしてしまいました。親友のクマールは彼が目を覚ますまでそばにいてあげようとして、できるかぎり寄り添っていたのですが、ジーヴァがいつまでも起きないので、出かけなければならない時間になってしまいました。一文無しではジーヴァも困るだろうと心配し、クマールは酔っぱらった親友の服の裏に宝石を一つ隠してやりました。

ジーヴァは、ようやく目を覚ましてみると頼りにしていた親友はもうおらず、途方に暮れてクマールを探し始めました。なぜなら親友なしにはどうにも暮らしていけないと感じたからです。

貧しく、腹を空かせて探し続け、あちこちさ迷い歩きました。クマールが服の中に宝石を隠してくれていることは知りませんでした。

長い時間が経ったのち、二人は再会を果たし、クマールはジーヴァに宝石のことを告げて、探してみろと言いました。するとそのとおり、宝石がありました――初めからずっとそこにあったままの状態で。

この寓話は、いかがでしたか？

自信を失ったり、自己不信や自己憐憫や劣等感を感じたりした時、私たちは誰でもジーヴァのようではありませんか？　そういう時、みずからの内なる宝石を探すこともせず、私たちは自分の外に、助けてくれたり評価してくれたりする人を探し求めるものです。

ジーヴァの場合はようやく親友にめぐり会えましたが、それまでにずいぶん時間を浪費しました。それにたとえすぐにクマールと再会して助けが得られたとしても、それは一時的な満足にすぎないでしょう。言い換えれば、頼れる友を持つことも重要ですが、それだけでは真の解決策とは言えません。なぜなら最終的には私たちは自分自身で自分自身のために答えを見出さなければならないからです。

宝石とは仏教の教えのこと

ここで言う宝石とは、ダルマ、つまり仏教の教えの二つの側面を象徴しています。一つは「存在の四つの印」などの教えとしての面で、それは私たちが自己を磨いて生活の中で具体化すべきものです。教えとしての宝石は、私たちを正しい方向へ向けてくれます。

二番目は、仏性《ぶっしょう》と呼ばれるもので、スピリチュアルな確証という面です。生きとし生けるものは等しく仏性に恵まれています。お金持ちか貧しいか、男か女か、若いか年輩か、人間か人間でないかさえ、関係ありません。この仏性というものは、私たちすべてが完全な悟りを開く潜在的可能性を持っていることの確証となるものです。私たちは誰もが未来のブッダなのです。未来のブッダとして、私たちは誰もがかけがえのない、尊重されるべき存在なのです。

宝石に象徴される仏教の教えは、ジーヴァのような人たちが自分自身を発見するのに役立ちます。仏教の教えは究極的な真理を、言い換えれば、悟りへと向上することをめざす「垂直な次元」を志向しています。

仏教の助けとなる心理学

しかしながら、心理学者のジョン・ウェルウッドによると、自我が脆弱であるために、スピリチュアルな真理の恩恵を得ることができない人たちも大勢いるとのことです。これは極端な自己不信や自己嫌悪、不安感、自己への懐疑といった形で表れるといいます。

たとえば、ウェルウッド博士はある女性の事例を挙げています。仮にジャッキーと呼んでおきますが、彼女は夫に対して感じている怒りについて仏教の指導者に相談に行きました。その指導者は、夫に対して怒るのではなく、思いやりのある友となるようジャッキーにアドバイスしました。慈悲深くあれというこのアドバイスで、初めは彼女もほっとしました。なぜならジャッキーはみずからの怒りと面と向き合うことを――それは彼女の脆弱な自我にとってはあまりにもつらく、恐ろしいことでしたが――する必要がなかったからです。

ところが、ウェルウッド博士によればジャッキーは、実は自分の怒りを直視すべきだったのです。なぜなら彼女はそれを生涯ずっと抑圧してきたからです。彼女の父親は、彼女が不平を言うと必ず彼女をひどく虐待し、罰しました。だからジャッキーはやがてすべてをぐっとこらえるようになり、逆にいつも「いい子」になって他人を喜ばせようとするようになりました。

「垂直の次元」の絶対的なスピリチュアルな視点からすれば、思いやりを持ちなさいという彼女へのアドバイスは正しいものでした。しかし今の自分と向き合うという、相対的な、日常的な「水平の次元」では、内なる激情に対処せずに思いやりを持とうとしたことで、彼女は不幸になってしまったのです。彼女はまず自分の怒りを認めて、その上で真の思いやりと愛情を示すようにする必要があったのです。つまり、日常の「水平の次元」をクリアしてからスピリチュアルな

「垂直の次元」へと進むべきだったのです。

そして心理学の研究が活躍するのはこの相対的な真理においてなのです。ウェルウッド博士はセラピストとして、ジャッキーがこれまでの怒りに駆られた体験に心を開き、善悪の判断をせずにまず怒りのままに任せ、それから自分の人生経験の中でそれがどのような意味を持ってきたのかをゆっくりと探究するよう、彼女を手助けしたのだと言います。過去の心理的な傷に対処したあと、ようやく彼女はスピリチュアルな教えの恩恵を得る準備ができたのでした。これはスピリチュアルな発展へ向けて、心理学がおおいに役立った具体的事例です。

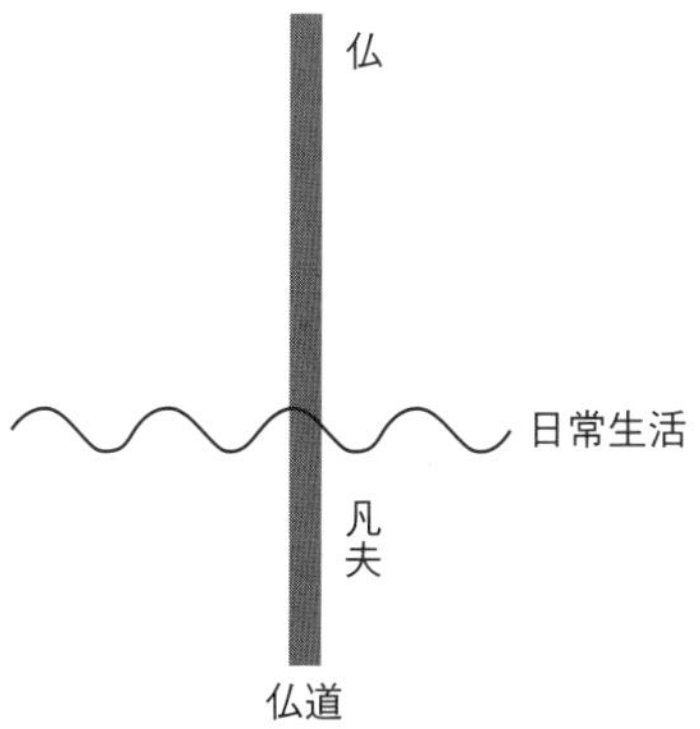

心理学と仏教の統合する意義

心理学者らも仏教徒たちも、この両分野は互いにほとんど無関係だと感じている人もいます。しかし幸運にも、心理学と宗教を統合することに前向きな心理学者たちもいます。

その多くは「トランスパーソナル心理学」として知られるようになった心理学の分野を支持しています。「トランスパーソナル」とは「個人を超越する」という意味で、その用語が示すように、これは「個人的なこと」に向き合うばかりでなく、仏教を含む宗教的な側面も肯定し、統合することで、個人を超越したものにも目を向けようとするものです。

私の考えでは、心理学は「個人的な」次元を発展させるよう個人を手助けするものです。言い換えれば、心理学的な作業がめざすのは、世間で生きていくために必要な、健全なる自我や個人の人格の実現です。ジャッキーの場合に行われたとおりです。

しかしながら、私たちの多くは「個人的な」レベルだけを満たしても物足りなく感じます。結局のところ、個人的な次元は時間と空間という点で限界があるのです。時間の点では、私たちは有限で、やがて誰もが死ななければなりません。死と死後の世界は人類の歴史の大部分を通じて絶えざる問題となってきました。空間という点では、私たちは物理的にも精神的にも一人だけではそうそう長く生きられません。私たちはまさに生きていくために、人間と人間以外の、他者に依存しています。

こうした人間ならではの苦境の中で、私たちの多くはこの「個人的な」レベルを超えて、神聖でリアルなものとつながりたいという強固で強烈な衝動を感じます。神聖でリアルなものとは、究極的なスピリチュアルな現実と、人間のコミュニティと、そして自然界という形を取り、その中で私たちは自己の限界を脱し、大いなる充足感を見出すことができるのです。

ですから、心理学と、スピリチュアルなものや神聖なるものとのいっそうの統合が進んでいるのを目にすると勇気づけられます。なぜなら最終的にはこの両者は別々のものではないからです。

実際には、私たちは両方の次元で生きているのです。真の充足感を得るためには、どちらの面も涵養する必要があるのです。

二一世紀の今、幸いにも仏教という太古以来の伝統は、人類がその潜在的可能性を実現するのを手助けするためのより効果的な方法へ向けて、心理学という近代的な専門分野と密接に協力し合う立場にあります。したがって、私たちは仏教と心理学の両者が協働して内なる宝石を活用することを認めるべきですし、同時に今回の冒頭の一節を思い出すべきでしょう！

この物語の酔っ払いの男のように、人は生まれ、死にゆく人生の旅路を苦しみながらさまよう。みずからの内に隠された、清らかで汚れなく、かけがえのない宝である仏性に気づくこともなく。

第27回　仏教と科学

「仏教は慈悲と智慧を教えるが、もう一つの大切な教え――それはウパーヤと呼ばれ、目的を達成するために正しい手段を選ぶこと、つまり方便である。」

(*Mutually Sustaining Life* 140ページ)

科学と宗教の間の軋轢《あつれき》

誰もが知っているように、宗教と科学の関係は必ずしも常に調和が取れてきたわけではありません。とりわけ近代科学発祥の地であるヨーロッパにおけるキリスト教がそうでした。たとえば、カトリック教会はガリレオが地動説を唱えたことを糾弾し、かつては「正しくない」とされたその考え方に関してガリレオを赦したのは一九九五年になってからのことでした。

一九世紀末、チャールズ・ダーウィンが提唱した進化論がキリスト教の伝統的な宇宙創造の見方とぶつかりました。今日でさえ、北米では学校のカリキュラムをめぐって軋轢が続いています。

アメリカ中の多くの公立学校区で、進化論を教えることに激しく反対し、天地創造説、つまりいわゆる「インテリジェント・デザイン説」の立場を優先すべきだとしているキリスト教団体が複数あるのです。

仏教の見方

見解の相違が表面化した一九世紀末、アメリカ人の中には宇宙の起源と発展に関するキリスト教の伝統的な理解ではもはや満足できない人たちがいました。中には、たとえば仏教など、ほかの宗教に答えを見出そうとした人たちもいました。

そんな一人がポール・ケーラス（アメリカの思想家・宗教学者）でした。彼はどうしても当時の科学と神学の妥協点を見つけることができませんでした。彼は科学とその世界観を包含することができるような「科学の宗教」と彼が呼んだものを必死に探し求めました。その彼が見出した答えが、仏教でした。

科学に関する自身の見解について、かつてこう記しています――「仏教は、科学によって証明できる真実以外のいかなる啓示も認めない宗教である」。そして彼は仏陀のことを「科学の宗教の最初の預言者」と呼びました。

これぞ正しいという宗教を見出したときにケーラスが感じた熱い思いが伝わってきますが、でも同時に、彼は仏教を彼自身が求めていたようなものに矮小化してしまったことにも、私たちは気づきますよね。

彼は自然の法則として「因果応報の理」にもっぱら注目しましたが、伝統的な仏教のそれほど科学的とは言えない要素、たとえば瞑想の実践や密教的、「奇跡的」な諸要素を無視しました。こうしたアプローチや断定はもっと最近の思想家たちのあいだにもいまだに見ることができます。一例を挙げればフリッチョフ・カプラ（アメリカの物理学者）の代表的著作『物理学のタオ』（邦訳書『タオ自然学』）などです。

ケーラスやカプラほどに仏教と科学とを同一視する仏教徒は多くはないと思いますが、彼らの見方は、仏教は科学と矛盾するものではないという、大半の仏教徒が今日抱いている見解とは一致しています。

ダライ・ラマの科学者たちとの対話

そういった仏教徒の一人がチベット仏教のダライ・ラマで、仏教徒たちと科学者たちとの対話の最前線にいつづけています。私は彼のある発言に本当にはっとさせられたことがあります。ダライ・ラマは、自然界の領域については、仏教徒たちはどれほど伝統的な解釈であっても科学によって反証されたならば修正すべきだと断言したのです。

ですから、たとえば、世界の中心にシュメール山（須弥山《しゅみせん》）がそびえていて、七つか八つの同心円状の山脈と海洋と、四大大陸がそれを取り囲んでいる、といった古典的な仏教の世界観を、彼ならすんなりと放棄するでしょう。同じように、ダライ・ラマは素粒子の運動のメカニズムに宇宙の起源を求める最新の理論も、完全に受け容れることでしょう。

ダライ・ラマの立場は妥協的すぎると思う人もいるかもしれませんが、彼の見方は、科学的な発見は仏教の真理やそのメッセージを弱体化させたり否定したりするものではない、という基本的な仏教の立場と合致しています。なぜなら仏教は目覚め（悟り）の宗教であり、「ものごとはどのように起こるのか」ということではなく——それは科学の領域です——「人生をどのように体験するのか」ということにまず最も関心を抱いているからです。言い換えれば、仏教はスピリチュアルな目覚めをめざすものであり、一方、科学は自然界についての検証可能な知識を求めるものです。

こうした違いこそあれ、スピリチュアルなものと自然なものの両方を包含する寛容な特徴があるからこそ、私は常に仏教に惹きつけられてきました。そしてアルバート・アインシュタインも次のような言葉で仏教について同じような見方をしていたことを知って、私は嬉しく思っています。

仏教は未来の宇宙的（コズミック）な宗教に期待されるべき特徴を持っている——人格神を

乗り越え、独断的な教義と神学を避けているし、自然なるものとスピリチュアルなるものの両方を含み、自然的なものもスピリチュアルなものも、あらゆるものを有意義な統一体として経験するところから出発する宗教的な感覚に基づいているからだ。

善い人になぜ悪いことが起きるのか？

それではこうした仏教と科学についての議論は、人生のさまざまな問題といったいどういう関係があるのでしょうか？　ここでは不治の病を例に挙げたいと思います。

何年か前、私がカリフォルニア州のあるお寺の住職をしていた時、五〇代の信徒がお一人、がんで亡くなりました。彼女はお寺の中でもたいへん信心深く、勤勉な信徒さんでした。しかも、すばらしい人で、彼女を知る人の誰からも好かれていました。

多くの人がこう問いかけました――「どうしてがんで亡くなったのが彼女なんだ？」と。みんなの狼狽《ろうばい》の裏には、はるかな昔から世界中の人々が感じてきた根深い疑問がありました――「どうしてこれほど善い人に悪いことが起きるのか？」。

ほかの宗教だったら、おそらく正しい答えはこうでしょう――「それが神の御心だから」。しかし仏教では、私たちは「それは仏陀の御心だから」などとは言いません。なぜなら仏陀は世界の創造者でも設計者でも審判者でもないからです。

因果関係

私の意見では、「どうして彼女がこういう目に遭わなきゃならないのか？」という問いに適切に答えうるものとして、二つの因果関係が挙げられると思います。

一つは客観的な条件で、もう一つはみずからのカルマ（karman、業《ごう》）です。私の見解では、彼女のがんは彼女自身のカルマによるものではありませんでした。彼女の病気と死は客観的な条件の領域で、つまりそうした諸条件を決定づける環境、気象、それに遺伝などの法則の点から説明されるべきものです。

彼女の場合、客観的な条件とは、彼女の病気に寄与した無数の多種多様な状況を指します。その中にはがんになりやすい遺伝的形質や、過去に何らかの発がん性物質にさらされたとか、食習慣、それにストレスの程度などが含まれます。しかしほかにも正確には特定できない数々の要因が関わった可能性があります。

これはスピリチュアルな領域に対して、自然界の領域のことです。自然界の領域ですから、彼女がどのようにしてこの病気に冒されたのか、科学こそが最も納得のいく理解を可能にしてくれる分野です。

みずからのカルマ

がんの諸要因が自然界の領域に属するとすれば、みずからのカルマはどのような役割を演じているのでしょうか？　実は、自らのカルマはスピリチュアルな、つまり「垂直な領域」で働くもので、科学は自然界、つまり「水平の領域」で機能します。瞬間ごとに、私たちはこの両軸の交点に生きているわけです。カルマは「私たちがいかに人生を体験するか」を決定づけ、科学は「ものごとはどのように起きるのか」を見極めようとするのです。

カルマはサンスクリットの用語で、今や日常的な英語の仲間入りをしましたが、不幸なことに、しばしば「運命」という意味に誤解されています。カルマという言葉は往々にして「まあ、それがあいつのカルマだったのさ」などというように、他人の不幸な出来事を正当化するのに使われてしまっています。そのような用法では、苦しみとは、この世なり前世なりでかつて行った望ましくない行動の報復または罰だということになります。このような考え方はまったくの誤りで、正さなければなりません！

カルマの仏教的な正しい意味は、人が行い、言い、考える、という意味合いでの「行為」(身《しん》・口《く》・意《い》の三業《さんごう》)のことで、主としてスピリチュアルおよび道徳的な涵養に関する文脈で使われます。正しい教えに勤勉に従うことで、カルマは智慧、慈悲、そして喜びに満ちた人生として現れてくるようなポジティブな結果に結びつくものです。ただ、ここでしっかり注意しておきたいことは、「ポジティブな結果」と言う場合、それは「垂直な面」におけるスピリチュアルな見方によるということです。それに対し、「水平な面」における世俗的な見方では、短命に終わった彼女の人生は「ポジティブ」だったとは判断されないでしょう。

自然の面よりもスピリチュアルな面

しかしながら、人の一生がポジティブだったかネガティブだったか、あるいは成功だったか失敗だったか、たんに自然界の「水平な視点」だけでは判定できないと私は思っています。結局のところ、ほかの誰でもなく、彼女自身にしか、最終的に決定することはできないのです。彼女が最終的に見出したようなスピリチュアルな理解と平安を得ることなく、ただあと二〇年長生きさえしていたら、よりいっそうポジティブだったと言えるでしょうか？　彼女は智慧と慈悲をもって充実した人生を送り、理解と勇気をもって死と向き合いました――彼女は自分自身のあり方を安らかに受け容れていたのです。

科学を取りこむ

その証拠の一つが、彼女がみずからの身体を研究病院に献体すると決めたことです。彼女が患ったタイプのがんの治療法を見つけてもらうため、医学に貢献したいと決意していたのです。死を前にしてなお、彼女はほかの人々のためを思っていたのです！

ここに私たちは、科学に対して寛容で、科学をも取り込む仏教的な態度の格好のお手本を見る思いがします、なぜなら科学は仏教の信仰心を損なうものではないと、彼女は知っていたからです。この点で彼女の理解は、仏教が「自然的なものもスピリチュアルなものも、あらゆるものを有意義な統一体として」包含するものだというアインシュタインの意見と響き合うものです。

おわりに

「清らかな心で話し、行動すれば、人から影が決して離れることがないように、幸せが共にあるだろう。」
(*Buddha-Dharma* 428ページ)

最後にまとめとして何点かお話ししたいと思います。

困難の中にある世界への呼びかけ

テロへの絶えざる恐れなど、今、さまざまな問題が私たちの世界を困難に陥れています。テロ活動の底流にあるのは、人々や国家間にある社会的・経済的な不平等から生じる貪り、憎しみ、愚かさなどです。こうしたことに対処しない限り、どれほど厳重に警戒しても、テロ活動を完全に防止することはできないと私は考えています。

そしてこの点で宗教は、より大きな役割を果たせるはずです。しかしながら、仏教を含め、あらゆる宗教や宗派に属する多くの人々の間で、優越感と排除の態度が蔓延しています。それは、諸宗教の有意義な交流と、それによって世界を大きく変えていくことを妨げてきました。

しかし、そのように諸宗教や諸国家がみずからを正義とし、他者を邪悪なものとして対立し合う世界の中にあって、無執着という仏教の教えは、異なる者同士を融和する力を持つことができると私は考えます。対立を生むかたくなな態度は、自己や自分のものだと思っているものに対する執着に基づいているのです。ですから、無執着という仏教の教えは、自分の宗教を自分自身にとってはかけがえないものとして肯定しながらも、同時にそれが唯一の真実の道または誰にとっても正しい道だとは考えない、そういった見方を育むことができるでしょう。

互いに命を支え合う

本書では、ものごとは相互に依存し合っている（縁起《えんぎ》）という仏教の教えを通じて、私たちの暮らし、コミュニティ、そして世界が「お互いに命を支え合っているのだ」ということを、はっきりとお伝えできたと思います。誰一人として、そしていかなるコミュニティや国家も、単独では生き延びることはできません。

こうしたつながり合いに気づくことで、他者に本来的に備わっている価値をいっそう深く理解できるようになり、乗り越えがたい違いがあると思える相手とであっても、共に努力するための励みになるはずです。こうした見方こそ、思いやりというものの具体的な姿なのです。
そして「互いに命を支え合っている」という私たちの存在の本質はまた、人類と自然環境との関係にも当てはまります。こうした仏教的な理解は、環境との関わり方を大胆に変えることが私たち人類にとって喫緊の課題であるということを、大いに思い出させてくれます。私たちはこれ以上、母なる惑星地球の環境を劣化させるわけにはいかないのです。

お別れの言葉

最後になりますが、本書を通じてみなさんが少しでも暮らしに役立つヒントを得られたことを心から願っています。ぜひ覚えておいていただきたいのは、確かに人生の道のりはデコボコ道ですが、心して努力すれば、私たちは誰でも内なる輝く宝石に目覚めることができるだけでなく、私たちの周りで私たちを包んでくれているさまざまな宝石も見出すことができる、ということです。そうすれば、「ああ、確かに人生はすばらしい！」と気づくことでしょう。みなさんの幸せはみなさんの手の中にあります。それは今回の聖なる一節で仏陀が宣言しているとおりです――。

清らかな心で話し、行動すれば、人から影が決して離れることがないように、幸せが共にあるだろう。

あとがき

本書は仏教のアジアへの「逆輸入」現象の一つと言えるでしょう。こうした事例は昨今ますます目にすることが多くなっています。これは欧米――特にアメリカ――から、日本を含む古くからの仏教国へ、という仏教の流れです。

本書は仏教伝道協会が製作した仏教に関するテレビ・シリーズが元になっています。番組は二〇〇六年に一年間をかけて、ロサンゼルスのケーブルテレビのチャンネルで毎週日曜日に五二回にわたって放送されました。シリーズの製作中、私は脚本家、プロデューサー、案内役、そしてインタビュアーと、一人で何役も演じました。

その後、そのテレビ・シリーズを*"Buddhism On Air: Televised Kaleidoscope of a Growing Religion"*（Buddhist Education Center, 2015）として書籍化しました。本書はその翻訳にあたりますが、ページ数の都合で、さまざまな宗派の指導者たちへのインタビューを中心とする番組を割愛し、仏教を初めて学ぶ方々のために仏教の基本的な教えに内容をしぼることにしました。渇愛した部分も近い将来、別の形で出版できることを願っています。

本書は仏教の基本的な教えと実践に焦点をしぼっています。それは現代社会が直面している宗教的、社会的、そしてスピリチュアルな喫緊の課題への取り組みに活用できるようにするためです。本書で取り上げた教えは、特に「四法印」など主に初期仏教に属するものですが、日本仏教の多くの宗派にとっても土台の一部を成しています。

本書の元になった番組の動画は、シリーズのスポンサーとして製作費を提供してくれた仏教伝道協会のホームページで見ることができます。動画というものは視覚的なインパクトがありますから、本書の内容に対するいっそうの理解と認識の一助になるに違いありません。ぜひご覧いただくことを読者のみなさんにお勧めします。さらに、英語を学習している方ならリスニングの教材にもなるでしょう。動画のアクセス方法は本書巻末の「テレビ放映の動画へのアクセス方法」に詳しく説明してあります。

本書では、各回の冒頭に仏教聖典の一節が載っています。その多くは仏陀の言葉ですが、以下の三冊から引用しています。

The Teaching of Buddha. Bukkyo Dendo Kyokai (Society for the Promotion of Buddhism), 1975.（本書は『和英対照　仏教聖典』として仏教伝道協会より出版されており、一般書店での注文や同協会のウェブサイトで購入できます）

Numata, Toshihide. *Mutually Sustaining Life*. Bukkyo Dendo Kyokai (Society for the Promotion of Buddhism), 2000.

Buddha-Dharma. Revised Second Edition. Numata Center for Buddhist Translation and Research, 2003.

積極的な取り組みと資金的援助でアメリカでの番組シリーズの製作・放送を可能にしてくれた仏教伝道協会に、この場を借りて謝意を表したいと思います。また、これから初めて仏教の世界を探究しようという日本の読者にも親しみやすい、すばらしい翻訳をしてくれた伊藤真氏（仏教学者・翻訳家）にも感謝しています。最後に、春秋社編集部のみなさん、特に佐藤清靖氏と豊嶋悠吾氏には、「逆輸入」となる本書を日本の読者のみなさんにお届けできるようにお力添えいただいたことにお礼申し上げます。

二〇一六年一一月

ケネス・タナカ

理（1）
Program 11　＝　第9回　十二縁起の教え――四つの聖なる真理（2）
（第4章　「存在の第一の印」の教え（一切皆苦））
Program 13　＝　第10回　苦しみの本質――一切皆苦（1）
Program 15　＝　第11回　苦しみを生きる糧に変える――一切皆苦（2）
（第5章　「存在の第二の印」の教え（諸法無我））
Program 17　＝　第12回　宇宙と私――諸法無我（1）
Program 19　＝　第13回　社会的な側面――諸法無我（2）
Program 21　＝　第14回　聖なる自己――諸法無我（3）
Program 23　＝　第15回　「空」、そして「こだわらない」こと――諸法無我（4）
（第6章　「存在の第三の印」の教え（諸行無常））
Program 25　＝　第16回　人生は無常であると真に理解すること――諸行無常（1）
Program 27　＝　第17回　今を生きる――諸行無常（2）
Program 29　＝　第18回　変化を受け容れる――諸行無常（3）
（第7章　「存在の第四の印」の教え（涅槃寂静））
Program 31　＝　第19回　涅槃は安らかで穏やかである――涅槃寂静（1）
Program 33　＝　第20回　変化は内面から――涅槃寂静（2）
Program 35　＝　第21回　ものごとを真にありのままに見る――涅槃寂静（3）
Program 37　＝　第22回　暮らしの中の慈悲に目覚める――涅槃寂静（4）
Program 39　＝　第23回　SMAL（スモール）ではなく、BIIG（ビッグ）に――涅槃寂静（5）
Program 40　＝　ユーモアで味わう仏教の教え（1）～（4）
（第8章　八項目から成る聖なる道（八正道））
Program 41　＝　第24回　ふるまい――八正道（1）
Program 43　＝　第25回　瞑想――八正道（2）
（第9章　仏教と今日の社会・文化）
Program 45　＝　第26回　仏教と心理学――共に宝を活かす
Program 47　＝　第27回　仏教と科学
Program 52　＝　おわりに

テレビ放映の動画へのアクセス方法

英語の動画へアクセスするには、３つの方法があります（アクセスが容易な順に記します）。もとの英語を聞きたい方や映像をご覧なりたい方にお勧めします。

（１）仏教伝道協会（Society for the Promotion of Buddhism）のHP
http://www.dharmanet.org/videobdkMSL.htm

（２）ケネス田中のホームページ
http://kenneth-tanaka.life.coocan.jp/index_j.html
ホームページに入った後、「ビデオ・ラジオ」をクリックし、『支え合う命：混迷する世界への仏教徒の呼びかけ』（仏教伝道協会のビデオシリーズ）をクリックしてください。

（３）ユーチューブ（YouTube）
ユーチューブで、Buddhism Today: Answering to the Call of the World を検索してください。そして、たとえば、第５回の番組（Program 5）をご覧なる場合、Buddhism Today: Answering to the Call of the World の後に（５）を記入してください。例：Buddhism Today: Answering to the Call of the World（５）。

〈動画と本書の対応個所〉

動画番号　＝　本書
（但し、本書には動画の内容の一部しか収載していない場合があります。）
Program 1　＝　はじめに
（第１章　今日の仏教の概要――アメリカにおける仏教の発展を中心に）
Program 1　＝　第１回　アメリカ仏教の状況
Program 3　＝　第２回　アメリカ仏教の展開――浄土真宗の場合
Program 4　＝　第３回　アメリカ仏教の特徴――エンゲージド・ブッディズムを中心に
（第２章　釈尊――その生涯とイメージ）
Program 5　＝　第４回　仏陀の誕生――出家と苦行
Program 6　＝　第５回　仏陀の悟り、説法、弟子たちへの継承
Program 7　＝　第６回　釈尊の肖像
Program 8　＝　第７回　仏・菩薩の肖像
（第３章　四つの聖なる真理（四聖諦））
Program 9　＝　第８回　苦しみはその人次第――四つの聖なる真

【著　者】

ケネス・タナカ（Kenneth Tanaka）

米国カリフォルニア州シリコンバレー育ち。米国国籍。カリフォルニア州・バークレー市Institute of Buddhist Studies准教授を経て、1998年武蔵野大学教授就任。

スタンフォード大学（文化人類学　学士）。Institute of Buddhist Studies（仏教学　修士）。東京大学大学院（印度哲学　修士）。カリフォルニア大学（仏教学　哲学博士）。

国際真宗学会会長、日本仏教心理学会会長、武蔵野大学仏教文化研究所所長。

主な著書に、*The Dawn of Chinese Pure Land Buddhist Doctrine*（『中国浄土教教義の暁』ニューヨーク大学出版）。『真宗入門』（法蔵館）。『アメリカ仏教——仏教も変わる、アメリカも変わる』（武蔵野大学出版）。共編に、*The Faces of Buddhism in America*（『アメリカ仏教のさまざまな顔』カリフォルニア大学出版）。

【訳　者】

伊藤　真（いとう・まこと）

放送局勤務を経て、大学非常勤講師（佛教大学・東洋大学・東京農業大学）、翻訳家。

京都大学文学部哲学科（社会学専攻）卒業。佛教大学文学部仏教学科（通信教育課程）卒業、同大学院文学研究科（仏教学専攻）博士課程（通信教育課程）修了（博士・文学）。

訳書に『中国の歴史認識はどう作られたのか』（東洋経済新報社）、『アメリカを変えた夏　1927年』（白水社）、『ブラディ・ダーウィン　もうひとつのパール・ハーバー』（大隅書店）、『インド特急便！』（光文社）、『ダライ・ラマ　科学への旅』（サンガ新書）ほか多数。

アメリカ流 マインドを変える仏教入門

2016年12月20日　第１刷発行

著　者＝ケネス・タナカ
訳　者＝伊藤　真
発行者＝澤畑吉和
発行所＝株式会社 春秋社
〒101-0021　東京都千代田区外神田2-18-6
電話　03-3255-9611
振替　00180-6-24861
http://www.shunjusha.co.jp/
印　刷＝株式会社 太平印刷社
製　本＝株式会社 三水舎
装　幀＝河村　誠

ISBN 978-4-393-13594-5
定価はカバー等に表示してあります